ごっつぉうさん

——伝えたい宮城の郷土食

はじめに

宮城県には昔から、ふるさとの味として伝わってきた郷土食がたくさんあります。本県は、米をはじめとする多彩な農産物が生産され、リアス沖の豊かな漁場にも恵まれ、ほどほどに山野からの恵みもあり、東北各県の中では比較的恵まれた環境にありました。それでも食糧はいつも不足していました。ヤマセや台風、秋の長雨などの影響を受けてたびたび凶作となり、さらに食料不足にあいました。

昔の人々は、これらの状況下で生活の糧を確保するために、大変な苦心惨たんがあって、生きる工夫をしてきました。豊作や家内安全などを祈願する年中行事、冠婚葬祭の行事食、接客など、さまざまな目的で作られてきたのが郷土食です。

郷土食は四季折々の地場の産物を余すところなく生かし、地域ごとに独特の味、家庭でおふくろの味を作り上げてきました。そして、昭和三十年代まで、地域には伝承の仕組みがあり、次の世代にきちんと伝えられていました。しかし近年、その仕組みがくずれ、食卓にのることもめっきり減り、存続の危機さえ感じます。

日本の高度経済成長以来、人々の意識やライフスタイルの多様化、さらに社会の情勢のめまぐるしい変化とともに、毎日の食生活がおろそかになってきました。家庭から手づくりの料理が減り、インスタント食品やファーストフードを始めとする外食産業などが急速に増えました。現在では、そんな食生活に起因する健康問題が山積しています。肉や揚げ物等の油脂類や糖分などの取り過ぎ、野菜摂取不足による栄養の偏りから、肥満や糖尿病といった生活習慣病が増加し、その発症も若年化しています。同時にアレルギー性疾患や心の病いも増加しています。また、食料の海外依存による食の安全、安心を脅かす事故、事件が多発するという新たな問題も抱えています。

食べ物は、私達の生命を支え、子供を育て、健康を保持するうえで必要なものですが、心の豊かさなど人間形成にも大切であり、郷土食の役割、価値には大きいものがあります。私たち筆者三人は、長年、宮城県職員として農業改良普及事業（生活関係）に携わってきた経験からこの現状を傍観できず、貴重な宮城の郷土食を保存し、伝承したい一心でこの本を企画しました。

これまでの農業普及活動を通しての経験や人脈、資料等を生かし、さらに現地取材をして、郷土食の背景や由来、農業生産とくらし・地域文化との関わりなどの把握に努めました。年代の設定は、戦後の高度経済成長期を経て日本人の食生活が大きく変化していることを踏まえ、また、取材の可能性などから、大正時代から昭和三十年ころまでとしました。今回は、誌面の都合上、たくさんある郷土食の中から、これからも食べてほしいと思われる一〇五品についてまとめました。

最近、郷土食を再評価する運動が盛り上がりを見せて、心強い限りです。県では、「食材王国みやぎの確立」を目指した事業を展開しています。各自治体でも郷土食を地域おこしや都市との交流などに生かした活動が増えています。世界規模ではスローフード運動があり、地域固有の農業生産、食文化の保存や食育などを活動目標としています。学校教育においても「食育」の充実を検討中とのことで、地域の食文化の継承、発展が盛り込まれています。この本が、これら運動推進の一助になることを心から願っています。

有史以来、農業・漁業は自然との闘いの中で、いかに安定した食糧供給の役割を果たすかが大きな課題でした。そのために、長年、農漁業者の必死の努力があり、試験研究・指導機関と共に、苦難の歴史がありました。安全・安心な食事には、地場産物の食材を見直し、〝生産から食卓まで〟が確認できることが大切だと思います。宮城の先人達がつくり上げたすばらしい郷土食が日常の食卓にのり、次世代にしっかりと引き継がれ、宮城らしい食生活、食文化を定着させたいと切望しています。

著者一同

目次

第七章 みやぎの特産

第八章 年中行事

第一章　正月

お年取りの祝い膳

お年取りの神棚

一年の締めくくりのお年取りの日から実質的な正月である。年中行事のうち最も期待に胸を弾ませ、時間をかけ、苦しい中でもやりくりをして準備を行った。どこの家でも十二月二十日ごろから準備の日程が決まっていて、仕事を終えて大晦日を迎えた。

お年取り（年越し）は、神と人との交歓の儀式といわれ、神とも ども会食するのであるが、その祝い膳は特別に吟味した。一年で一番のぜいたくだった。

一例を紹介すると「人の頭《かしら》に立ちたい」という願望を込めた尾頭付きの焼き魚、「子孫繁栄」のナメタカレイの煮魚、「たらふく食べられるように」という願いのタラの吸い物に加え、煮しめと茶椀蒸しが付いていた。さらに普段はめったに食べられない白ご飯（とうていまんま＝尊い御飯）が食べられるなど夢のようなごちそうだった。

県内の主な地域の昭和初期のお年取り膳を紹介する（次ページ参照）。玉造、栗原、登米の各地方には、結婚式の祝い膳にも匹敵するほど豪勢な地域がある反面、特別吟味をしないところもあった。また、同じ地域の中でも家によって異なっていたようだ。

尾頭付きの焼き魚は神様への供え物のみで、それを食べることができるのは年男（ダナドノ＝旦那殿）だけの地域もあった。また、尾頭付きの魚は生のままで、年取りの晩から正月三が日まで膳にのせて、神様の夕食膳の供え物とし、三日の夜に煮て食べたところもある。

その家の年男は、大晦日から神様へのお供えをする役目なので、午前中に風呂に入って心身を清め正装に着替え、しめ飾りやしめ縄などを作り、神棚などに供え物をした。祝い膳の用意ができると、家族も風呂に入り、晴れ着に着替える。年男を先頭に家族そろってお正月様（御歳徳神様）に祝い膳と御神酒を供えて拝み、家族みんなで膳についた。神様に供えた膳は、年男、あるいはそれに準じた人がいただくことに決まっていた。料理を食べ、酒を飲みながら、一年の無事に感謝し、新年への希望を語り合って一夜を過ごした。

地域によってはさまざまな言い伝えがあって、この一夜を寝ずに過ごしたともいわれる。いわく、「早く寝ると白髪になる」、「早く寝ると老ける」、「寝るのは神様に失礼になる」など。だから宵越しして、そのまま元朝詣へ行った。

家族銘々膳で

昭和初期の

お年取りの代表的な祝い膳

年取り膳

第一章

お正月三が日のごちそう

元旦の食卓

正月は元旦から三日までをお正月三が日という。

元日の早朝、家族そろって村の八幡様や氏神様にお参りをする。その後、年男は、大晦日に用意しておいた若水を汲み、それを使って朝食の準備をした。

元旦の朝食は餅を食べるところが多い。お正月の餅といえばなんといっても飴餅と雑煮。そしてあんこ餅、納豆餅、しょうが餅、おろし餅、えび餅などがあり、県北一帯は特に種類が多い。名取市ではあんこ餅は仏様に、雑煮は神様にお供えするところもある。

おかずは正月前に作り置いた正月煮しめ、ごぼういり、柿なます、黒豆などであった。フナの甘露煮、するめの煮物、焼きガレイ、ナメタの煮魚、アユの粕漬けなど一、二品の魚を膳にのせたところもある。特に子持ちナメタは縁起魚として好まれた。

朝食に餅を食べるところは昼食は抜きで、各自で豆餅とか干し柿、栗などを食べ、早めに夕食をとった。

丸森地方では、元旦の朝食はご飯で、昼は餅が多かった。

二日の朝食はとろろめしが多い。県北の大崎、遠田、玉造地方では「かけそめ」と呼ぶところがある。その年に初めてご飯に何かをかけて食べるという意味だろう。亘理、県南、県北の一部では、お正月のとろろ汁には、魔除けや疫病除けの御利益があるといわれ、門や玄関の敷居に切れ目なく塗りつける習わしがあった。

第一章

ナメタ煮魚

三陸地方では、二日目の夕食はお年取りの祝い膳に匹敵する膳を用意し、神様にお供えした。

昔の正月わらべ歌に当時の暮らしをしのべるものがある。

お正月ええもんだ
雪のようなママ喰って
コッパのようなドド喰って
油のような酒飲んで
お正月ええもんだ

雪のようなママは白米のご飯であり、ドドは魚のことで大きくて厚みがあり、油のような酒とは清酒をいう。当時はドブロクを飲んでいて、清酒はめったに飲めなかったのである。

我妻家の元日の献立（江戸時代）

蔵王町我妻家「萬年記より」

朝食

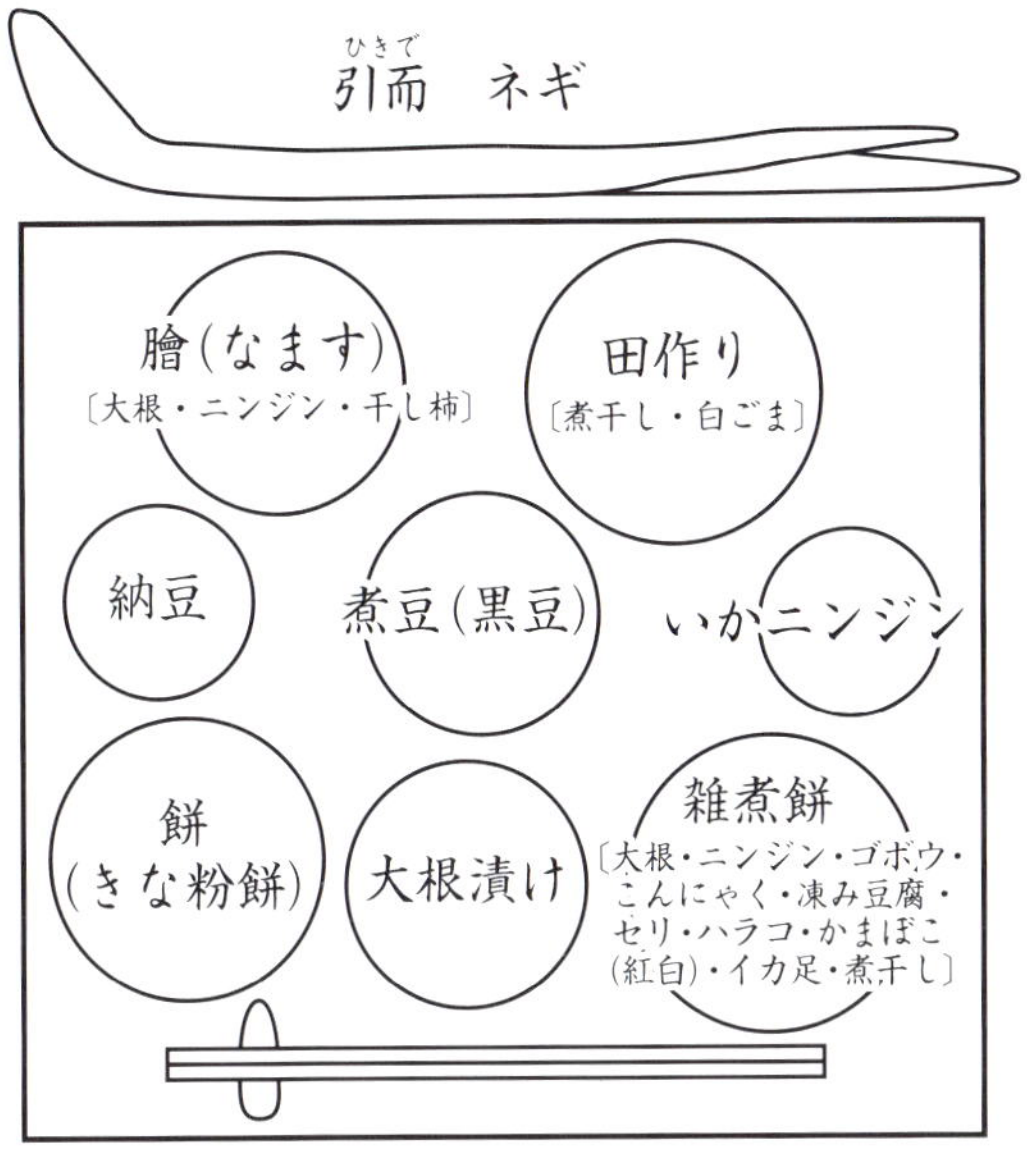

夕食

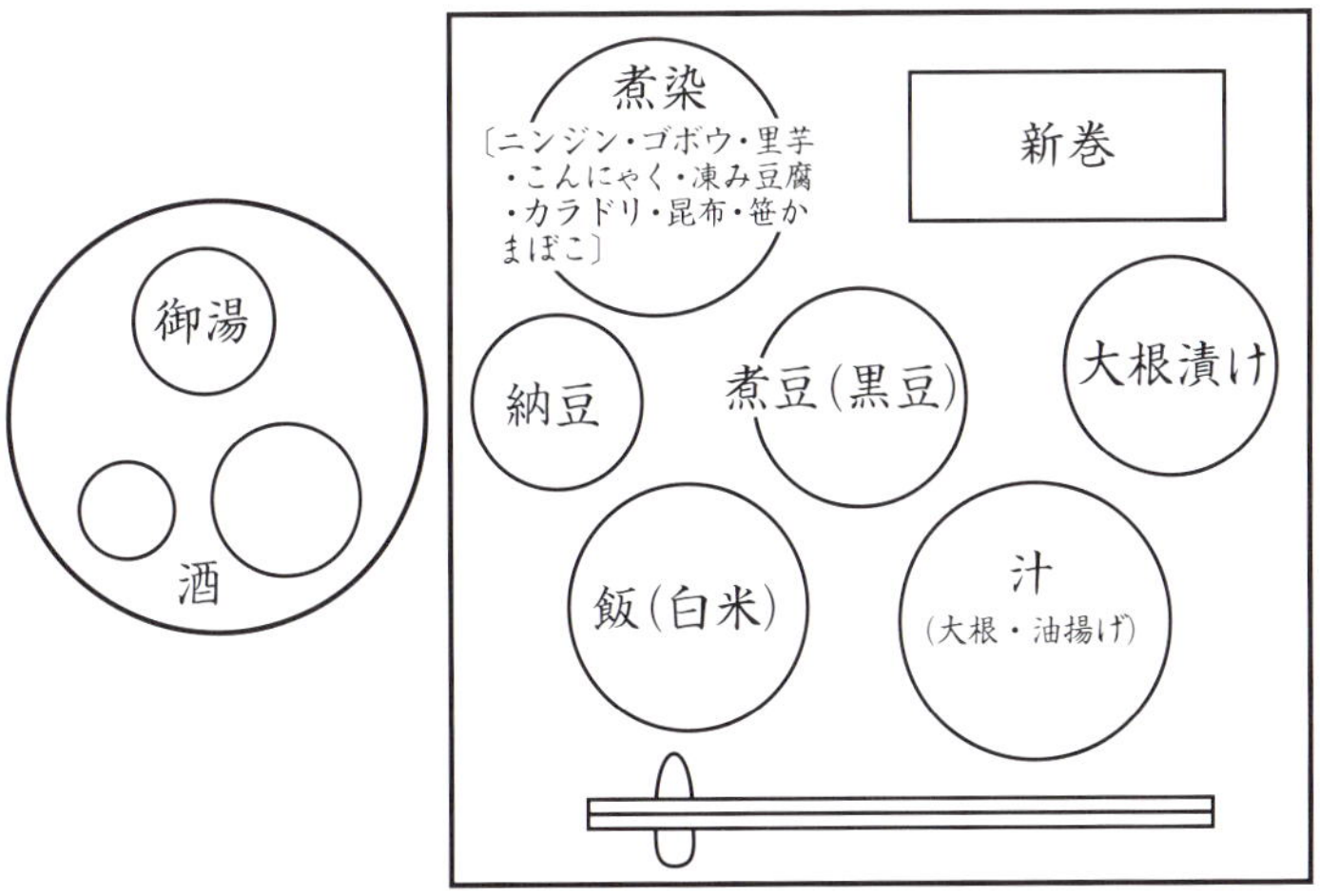

雑煮とだし

焼きハゼ

雑煮はその名の通り「ごった煮」のことで、お供え物をいろいろ混ぜて煮ることから始まったといわれる。歳神様を祀るお年棚にお供えした餅やその他の食物を下げる日に、雑煮を作って食べたという言い伝えがある。今日では全国的に元旦から食べ、正月料理の主役といっても過言ではない。

　正月の雑煮はその地方、その家庭の食文化である。先代からのしきたりを受け継ぎ、その土地の産物を生かして作られるが、さらにその家の主婦の里の味、そして家庭で築いた味が混ざり合い戸ごとに違いがある。これこそ我が家の味である。

　宮城県の雑煮は、地域の産物のだしとたくさんの具、しょうゆ味が特徴である。十品目の具を必ず入れる習わしのある地方もあった。年末に大根、ニンジン、ゴボウなどを細いせん切りにし、これをゆでて水気をさっと絞り、広げて凍らせる（おにぎりのように丸めて凍らすところもある）。凍らすと、甘味が出ておいしくなる。この具を「引き菜」または「コ」「コウ」「おゴウ」という。「コ」は江戸語で、語源は「子」、意味は中に入っているもの、具を指す。つまり雑煮の子であるとの言い伝えがある。

アユ

　また、宮城県の具には、ズイキ（芋茎）が使われているのも特徴である。サトイモの茎のことで、生のものは「ズイキ」、乾かしたものは「芋ガラ」と一般には言うようだが、宮城県では乾かしたものが「ズイキ」である。独特な味や軟らかな歯ごたえは、人を幸せな気分にさせる。

ズイキ

「だし」にも特徴がある。焼きハゼをだしにする仙台雑煮は、全国的に知られている。しかし、元々は地域の産物、山海の幸を生かした「土地のだし」である。

　県内を見渡すと、やはり焼きハゼのだしが最も多く、仙台、松島、塩釜とその周辺はもちろん、玉造、加美、大崎、遠田と栗原の一部にも見られた。だしにしたハゼを雑煮椀の上に尾頭付きでのせるのが普通だが、昭和二十年代までは、家族も多く、人数分を用意するのは容易なことではなかった。だから、ハゼを供え膳だけにのせて、家族の椀には身をほぐして二、三切れをのせたところもあった。主婦の特権でつまみ食いしたなど、さまざまな話もある。

　次に多いのはアユである。登米、大崎、三陸のほか、仙台の一部で

昭和初期の

みやぎの雑煮とだし

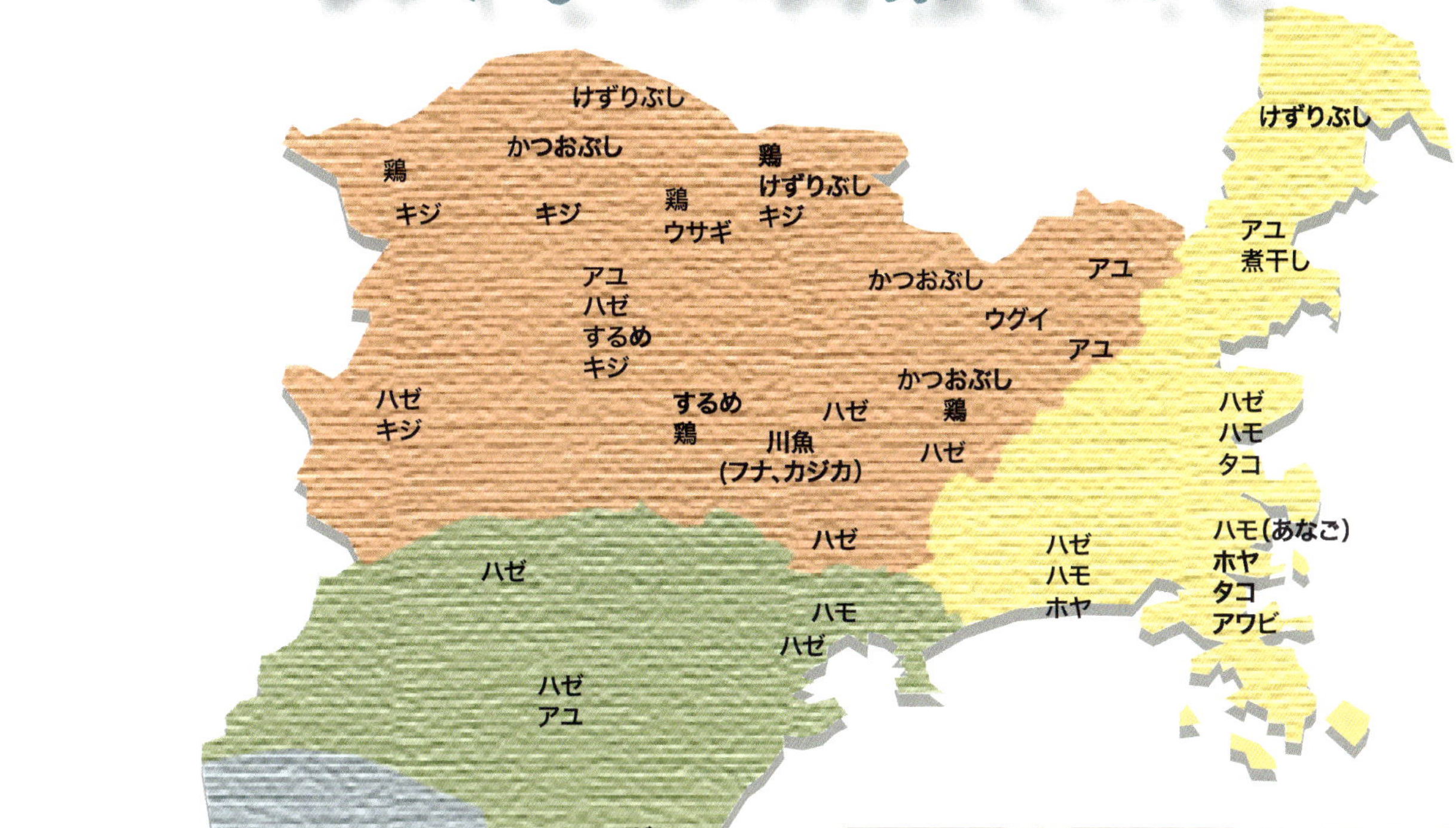

干しホヤ

かつおぶし

するめ

も見られた。これもハゼと同様にする。白石では「ナマズ」でとっただしもあった。

　玉造、大崎、栗原、登米などでは、家で飼っている鶏を暮れにさばき、ガラでだしをとり、鶏肉を雑煮に入れた。

　中山間地では山鳥類、特にキジが多い。捕獲した人が正月近くになると近所に分ける。そしてウサギ。これは子供たちが飼育していた。

　海に近い地域では、かなりバラエティーに富んでいる。ハモ、アナゴ、ホヤ、タコ、アワビ、フグ、ウシノシタ(シタビラメ)など、手に入れられるものを巧みに使っていた。ほかにするめ、かつおぶし、煮干し、フナ、カジカなどもだしにした。

　このように雑煮のだしは、身近な自然の恵みを生かし、先人たちが試行錯誤を繰り返し、おいしい味を生み出してきたのである。

仙台雑煮

「海の幸」「山の幸」をふんだんに盛り込んでいるのが仙台雑煮である。椀からあふれんばかりのハゼと、紅白の板かまぼこ、黄金色のハラコ、大根、ニンジン、ゴボウの引き菜、ズイキ、凍み豆腐、干しシイタケ、セリなどを豊富に盛り込んでいる。新年にふさわしく豪華であり、全国的にも知られている。

さて、この仙台雑煮が豪華なので、伊達家の雑煮と関連があるのではないかと思ったが、まったく別物のようだ。初代藩主・政宗の時代から、伊達家の雑煮は干しアワビ、干しナマコ、ニシンのだし、具には大根、ゴボウ、凍み豆腐、黒豆、菜の茎（米沢特産の野菜）で、政宗が城を構えた足跡が雑煮に表れているようである。

いわゆる仙台雑煮と共通する食材は大根、ゴボウ、凍み豆腐の三品だけであるが、どちらも土地の産物をふんだんに利用したという点が似ている。

焼きハゼ

第一章

材　料（4人分）

焼きハゼ		4尾
大根		600g
ニンジン		100g
ゴボウ		100g
ズイキ		2本
凍み豆腐		2枚
板かまぼこ（紅白）		厚さ5㎜のもの各4枚
ハラコ		40g
セリ		30g
水		4カップ
A	しょうゆ	大さじ4
	塩	小さじ1/2
	酒	大さじ2
餅		1人2〜3切れ

作り方

❶大根、ニンジン、ゴボウはせん切りにし、ゆでて凍らせる（年末のうちに作っておく）。

❷分量の水に焼きハゼを入れて、十五分ほど軟らかく煮る。それにAを入れて味付けし、ハゼは上げておく。

❸凍み豆腐は湯でもどして短冊切りに、ズイキももどして二センチの長さに切り、②に入れ、味がしみる程度に煮る。①の引き菜を加え、さっと煮る。それに焼き餅（またはつきたての餅）を入れ、火を止める。

❹お椀に引き菜を敷き、餅を入れ、ハゼ、板かまぼこ、ハラコ、セリを盛り、最後に汁をたっぷりとかける。

ホヤ雑煮

三陸沿岸が主産地のホヤは、宮城県が全国の生産量の八割を占める（平成十四年）。県民にはおなじみの食べ物で、遠来の客やハレの膳には欠かせないごちそうである。

語源は諸説あるが一般的にいわれているのは「ランプのホヤ」に似ているからという説。黄褐色の外皮がたくさん突起しているので「海のパイナップル」とも呼ばれている。

ホヤは生食が中心だが、石巻地方では干しホヤを雑煮のだしにしていた。また、本吉地方でも生や塩漬けしたホヤを、うどんやそば、雑煮のだしにした。天然物しかなかったころは、浜の人たちにとってもぜいたくな食物だったというが、天然ホヤの強い香りが、雑煮や汁物の味を一段と引き立てた。

干しホヤは、夏に焼いて、からからに干し、正月に備えた。干すことでホヤの味と香りが増した。藁で編んだり、囲炉裏の上に吊った棚にのせて、いぶして保存した。

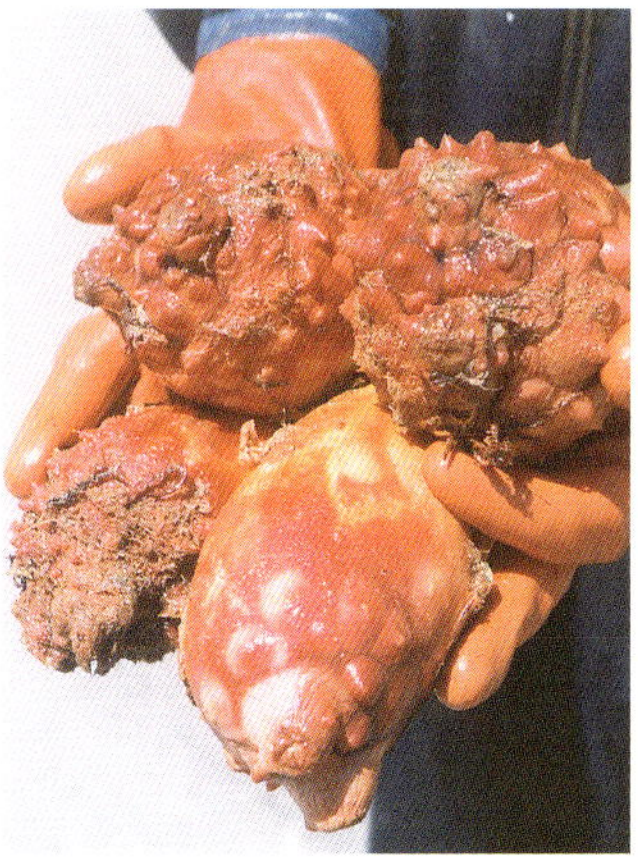

取れたてのホヤ

材　料（4人分）

干しホヤ	4個
大根	150g
ニンジン	40g
ゴボウ	40g
大豆モヤシ	40g
ズイキ	1本
凍み豆腐	2枚
セリ	少々
水	4カップ
しょうゆ	大さじ3
焼き餅	8切れ

【干しホヤの作り方】

ホヤは上端を横に切って、さらに手前の殻に縦に包丁を入れ、身を取り出し、内臓を除いて塩水で洗う。これに塩を少々振って、焼いて干す。

作り方

❶大根、ニンジン、ゴボウは皮をむいてせん切りにする。ゴボウは水にさらしてアクを抜く。ズイキはぬるま湯でもどし、二㌢くらいに切る。大豆モヤシは洗って三～四㌢に切る。これらの野菜をゆでて、軽く水気を絞る。

❷凍み豆腐は湯でもどしせん切りにする。セリは洗って三㌢に切る。

❸鍋に水を入れ、さっと水洗いした干しホヤを加え、静かに煮てだしを取る。ホヤがやや軟らかくなったら①の野菜と②の凍み豆腐を入れる。

❹沸騰してきたらしょうゆで味を調え、焼き餅とセリを加えて、火を止める。

飴餅

上：麦モヤシ　下：麦芽飴

材　料

もち米	3kg
麦芽粉	200～250g
（新鮮麦芽の場合は300～500g）	
ぬるま湯	6ℓ

若い人たちにはなじみが薄いかもしれないが、年配者にとって正月の餅と言うと、一番先に頭に浮かぶのが「飴餅」である。農家では正月を迎えるためにこの飴作りが欠かせなかった。

昭和二十年代初めころまでは、砂糖が不足していて甘くない小豆餅がほとんどで、麦芽飴は大変貴重だった。よく親の目を盗んで飴をなめたという人も多い。

県内では、麦芽飴はもち米と大麦で作るところが多い。大麦のモヤシ（麦芽）に含まれるアミラーゼ（糖化酵素）を利用した飴である。また、もち米がないときにはサツマ芋、モロコシ、うるち米などを使って作った。モロコシで作ると色がきれいな水飴になった。

秋、麦を種まきのため発芽させるが、それを乾燥させて保存しておき、十二月末のもち米の収穫を待って、二番米かくず米で作った。

作り方

【麦モヤシ】

❶麦粒はよく水洗いして、発芽に必要な水分を吸収させるため水を二、三回替えながら、二日間水に浸す。指で押しつぶせる程度になったら、水切りして三〇度くらいの湯に十分間浸けて、ザルに上げて水を切る。

❷わら床を作り、三〇度くらいに温度を保ち、発芽させる。カマスに入れてもいい。むしろを掛けて一週間くらい置く。その間は乾燥させないようにぬるま湯をかける。熱すぎると芽が焼けるので注意する。

❸芽が麦粒の長さの一・五倍くらいになったら温度を下げ、新鮮麦芽として利用する。太い芽がよく、また新鮮麦芽が糖化力も高い。すぐに使用しないときには天日乾燥して保存し、粉末にする。

【麦芽飴】

❶もち米は一晩、水に浸して芯がなくなるまで蒸す。分量のぬるま湯に蒸し米を入れ、六〇度に下げる。麦芽粉を入れて、六〇度に保ちながら約六時間保温し、糖化させる。時々かき混ぜること。

❷糖化が終わったら、八〇度まで温度を上げて麻袋で濾《こ》し、鍋に入れて煮詰める。吹きこぼれに注意し、アクを取る。煮詰めの目安は米の分量の七、八割程度。

盛りつけ

温めた飴につきたての餅（または焼いて湯をくぐした餅）を入れ、茶椀に盛って、きな粉をかける。

煮しめ

現在ではおせち料理といえば重詰めを指すが、明治時代には今の煮しめをおせちと呼び、祝い魚を食積《くいつみ》と呼んで、重詰にしていた。当時の煮しめは大根、ニンジン、ヤツガシラ、ゴボウ、こんにゃく、焼き豆腐、青昆布、ごまめなどを煮たものであった。祝い魚には鰊の子（かずのこ）、煮豆、昆布巻き、ごまめ、たたきごぼうなどを重箱に詰めておき、年賀の客にも勧めた。

県内の煮しめは正月だけではなく、祭りや農作業の節目に決まって作られてきた。煮しめの材料は地域や家庭によって異なるが、主として大根、ニンジン、ゴボウ、レンコン、こんにゃく、干しシイタケ、凍み豆腐、油揚げ、昆布などである。

だしには煮干し、サバ、カツオのなまり節、けずり節などを使うが、鶏肉を使うこともあった。

明治時代に野菜、豆製品、海藻を取り合わせた煮しめの原型は今も変わっていない。大きめに切った材料を大鍋でじっくり煮しめ、大ぶりのなます皿に盛って食べた。

作り方

❶大根は皮をむき、厚さ一《センチ》の半月切り。太いものはいちょう切りにする。

❷ニンジンは皮をむき、七～八《ミリ》の斜め切り、ゴボウも皮をこそげて同様に切って水にさらしてアクを抜く。

❸干しシイタケは水でもどして軸を取る。つけ汁は取っておく。

❹こんにゃくは大きめの三角形か、手綱切りにしてゆがく。手綱切りは短冊切りのこんにゃくの中央に切り目を入れ一方の端をくぐらせて作る。

❺凍み豆腐はぬるま湯につけてもどし、両手で押して絞り、三角に切る。

❻昆布は手早く水で洗い、二～三《センチ》幅に裂いて、これを軽く結んで、結び昆布にする。

❼鍋に①～⑥の材料とだし汁、煮干しを入れて煮る。砂糖を入れて七分通り煮えたら、しょうゆを加えて中火で煮しめる。煮汁が少なくなったら鍋を静かに動かしながら、煮汁がわずかに残るくらいにまで煮る。

材　料（4人分）

大根	150g
ニンジン	100g
ゴボウ	80g
干しシイタケ	4枚
こんにゃく	100g
凍み豆腐	4枚
昆布（長さ16cm）	8枚
だし汁	3カップ
（シイタケのもどし汁＋水）	
煮干し	5～6尾
しょうゆ	大さじ4
砂糖	大さじ1 1/2

黒豆

黒豆は昭和三十年ころまでは、ほとんどの農家で自家用に栽培していた。もともと大豆は畑の肉といわれ、栄養価が高い。

昔から風邪に効くとか、声がよくなる、喉の痛みが取れるなど薬用効果があるといわれていた。

黒豆は正月料理では貴重な一品。元旦に餅を食べる前に一年の家内安全、無病息災を願って屠蘇《とそ》で祝うが、そのときの祝い肴の一品が黒豆である。黒豆には「まめで達者で（丈夫で）暮らせるように」との願いが込められていた。黒は、魔除けの色ともいわれている。

皮が破れず、ふっくらと軟らかく、真っ黒に仕上がると上出来である。人それぞれの方法があるが、基本的には二つ。一つは軟らかく煮てから砂糖を加える。もう一つははじめから砂糖液につけ込んで煮る方法である。後者を紹介する。

作り方

❶深鍋につけ汁を合わせ、火にかけて煮立て、冷ます。よく洗った黒豆を入れ、六時間ほどおく。

❷強火にかけ、沸騰したら弱火にし、アクをすくいながら五〜六時間煮る。煮汁は常に豆がかぶっている状態に。アクが少なくなったら紙ぶたをし、弱火にする。

❸指でつぶれるくらいになったら火を止め、紙ぶたをしたまま一晩おき、味を含ませる。鉄鍋、市販の鉄材、古釘を使うと色よく仕上がる。

材　料（4人分）

黒豆	$2\frac{1}{2}$カップ
つけ汁	
水	6カップ
重曹	小さじ1/2
塩	小さじ1
砂糖	$1\frac{1}{2}$〜2カップ
しょうゆ	大さじ2

第一章

ごぼういり

ゴボウは中国から薬用として渡来、国内で改良して古くから食べられている。食用にしているのは日本だけである。ビタミン類やカルシウムを含み、食物繊維が豊富。利用方法はさまざまな上、貯蔵も難しくなく、大変重宝な野菜である。

ゴボウを使った代表的な料理はごぼういりである。祝い事、仏事、さまざまな行事食のほか普段の惣菜としても作る。まさにおふくろの味の代表格である。

作り方

❶ゴボウはきれいに洗い、包丁のみねで黒い部分をこそげ取り、長さ四㌢に切ってからせん切りにする。水にさらしてアクを抜く。水は二〜三回替える。

❷ニンジンも長さ四㌢のせん切り。赤唐辛子は種を取ってせん切りにする。

❸鍋に油を熱して、水気を切ったゴボウをいため、②を加えてしんなりしたら、砂糖、しょうゆ、酒の順に加え、中火でゆっくりいためるように煮上げる。歯ごたえがあるくらいにする。

❹最後に白ごまをまぶす。

※正月料理には生たらこをまぶすところもある。生たらこは皮を取り、白ごまを入れる要領で混ぜ、十分に火を通す。

材　料

ゴボウ		250g
ニンジン		50g
A	砂糖	大さじ1 1/2
A	しょうゆ	大さじ2
A	酒	大さじ2
赤唐辛子		1/2本
白ごま		大さじ1
油		大さじ2

柿なます

正月になます(膾)はなくてはならないもの。大根が主でニンジンをとり合わせた紅白なます、それに干し柿を入れたものが柿なますである。

大根にはビタミンCのほかに、消化を助けるジアスターゼが豊富に含まれており、しゃきっとした歯ざわり、さっぱりした食感は、正月料理の引き立て役となっている。

作り方

❶大根は皮をむき、薄い輪切りにしてから細いせん切りにする。ニンジンは長さ四㌢に切ってからせん切りに。

❷①に軽く塩を振ってしんなりさせ、水気をさっと絞る。

❸柿は水洗いして水気を拭き取り、種を取ってせん切りにする。Aの調味料を合わせ、②と柿を一緒にして調味する。

材　料（4〜5人分）

大根		300g
ニンジン		50g
干し柿		1〜2個
A	塩	少々
A	酢	大さじ2
A	砂糖	大さじ1 1/2

干し柿

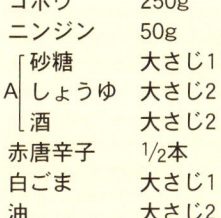

とろろめし

昔から正月にとろろめしを食べる習慣がある。地方により元日、二日、三日の朝食または夕食に食べたりと一定していない。

正月のとろろめしの芋はなんといっても自然薯《じねんじょ》が一番。三〜四年かけてゆっくり生長した自然薯はねばりが強く、味も濃く、滋養強壮、薬用にも使われてきた。

ヤマ芋類の主な成分はデンプンと粘質物で、このぬるぬるした「とろみ」が訛《なま》って「とろろ」と呼ばれるようになったといわれる。アミラーゼなどの消化酵素があるので、生で食べても消化がよく、あまり噛まなくても食べられる。

ごちそう攻めの正月の胃袋にとって、アミラーゼなどの消化酵素の助けが借りられるとろろめしは、身体に優しい食べ物でもあった。

自然薯

材　料（4人分）	
ご飯	4杯
自然薯	200g
みそ汁	
煮干しだし汁	1 1/2カップ
みそ	40g
ネギ	1/2本
のり	1枚

作り方

❶自然薯はたわしでよくこすって洗い、水気を拭き取る。毛根はさっと火にあぶって焼く。皮はむかないほうが風味がある。
❷すり鉢ですりおろし、さらにすりこぎでする。
❸煮干しのだし汁で濃いめのみそ汁を作り、人肌に冷ます。
❹②にみそ汁を少しずつ加えながら、すりのばす。
❺炊きたてのご飯を丼に盛り、④のとろろ汁を好みの量をかけて、刻みネギとものりをのせる。

※すりおろしたとき自然薯が褐色になるのは酵素によって酸化されるためだが、種類や熟度(掘り取った時期)などにもよる。

七草粥

正月七日は「七草」または「七草粥」。料理名がそのまま年中行事の名となっている。

七草粥を食べて祝う風習は、鎌倉時代からあったといわれ「七草の菜《さい》羹《こう》を食すれば万病なし」との記録もあり、その効用が知られるようになって、その後地方ごとにさまざまな形で伝えられてきた。

もともとは七草の種類は「芹《せり》、薺《なずな》、御形《ごぎょう》、繁縷《はこべら》、仏座《ほとけのざ》、菘《すずな》、蘿蔔《すずしろ》」と決まっていて、江戸時代になって、一般に広く普及したといわれている。

県内でも各地にその土地なりの「七草粥」が伝わっている。共通しているのは七日の前の晩、七種の野菜類を準備して、まな板の上で細かくたたく。たたきながら「唐土の鳥と、いなかの鳥の渡らぬ先に、何草たたく、七草たたく」と六度繰り返し唱える。このようにして準備したものは、七日の朝、もう一度たたいて、粥に混ぜられ、神様に供えた後、家族で豊作と無病息災を願って食べた。

お粥に入れる七草は山間地や浜など、それぞれの地域で入手できるものを工夫して用いた。本来の七草以外の材料には次のようなものがある。

白菜、ホウレン草、雪菜、ニンジン、ゴボウ、カブ、ワカメ、昆布、マツモなど。

作り方

❶七種類の野菜を適当に取り合わせて、洗って細かく刻んでおく。
❷米を洗い、分量の水を加えて、弱火でコトコトとお粥を炊く。
❸②に七草と塩を加えて火を止める。
※地方によってはこの中に焼いた餅を加える。

材　料（4人分）	
米	2カップ
水	10カップ
七草 （適宜7種）	200g
塩	少々

七草

暁粥

一月十四日は松の内の終わりの日で、家の内外の松飾りやしめ縄をはずし、神社に納める日である。

一月十五日には暁粥を炊く。夜中の十二時ころに起き、若水を汲んで粥を炊き、軟らかく煮た小豆と焼き餅を入れる。餅の代わりにだんごを入れる地方もある。神棚に供えた後、家族で食べる。

小豆を加えた赤い粥を夜明け前に起きて炊いたことから「あかつきがゆ」の名が付いたのだろう。家族で食べた後、「ヤーホイ、ヤーホイ」と家長を先頭に掛け声を掛け、鳥追いや長虫（蛇）除けをする。この風習は十四日夜のドント焼き、十五日朝の暁詣りなどとともに、かなり古くから行われている。

唱えるのは豊作や家族の病気・災難除けの願いで、小豆を食べることは「小豆おこわ」などと同様に、魔除けの意味を持つものだった。

一年に二度目の小豆粥を作るのは、十一月の大師講（オデシさん）で、このときは二番米で作った米粉のだんごを握って入れた。だんごの中に萩の小枝を入れた「果報団子」が当たった人は褒美をもらえる、という風習も各地に残っている。

小豆粥にはっとを入れて「小豆粥ばっと」を作ることもある。

小豆は昭和三十年ころまでほとんどの農家で自家用に栽培しており、その年に食べる量は確保されていた。小豆はタンパク質、食物繊維、ビタミンB_1、カリウムなどが多く含まれ、栄養的に優れている。

作り方

❶小豆は洗って水を加え、弱火で八分どおり軟らかく煮る。煮汁を取り分けておく。
❷米を洗って、水と小豆の煮汁を加え、お粥を炊く。
❸お粥に①の小豆を加え、さらに弱火でコトコトと十分ほど煮て、食べる直前に塩を加える。
❹焼き餅か、ゆでただんごを最後に入れる。

材　料（4人分）	
米	1カップ
小豆	1/4カップ
水と小豆の煮汁	7カップ
塩	少々
餅かだんご	8個

第二章

ハレ食と餅

みやぎの餅

ハレ食の主役、餅料理の数々

「米どころみやぎ」のハレの日の食べ物の柱は餅である。年中行事に冠婚葬祭、農作業の始めや終わり、さらには賓客のもてなしなどに餅を食べてきた。

県北では、毎月一日と十五日を餅日と決めていたほか、何かと理由をつけて餅を食べた。それは一番のごちそうだったからだ。

餅について

餅は、東南アジアから東アジアの稲作地帯に広がる食文化である。

餅は古代に餅飯《もちいい》、つまり粘る飯の意味だった。今のように「もち」と呼ぶようになったのは江戸期といわれ、「腹もちがいい」「持ち運びがいい」「保ちがいい」など語源にはいろいろな説がある。

日本で餅を食べるようになったのは、古く奈良時代からといわれている。江戸時代、うるち米は幕府の経済基盤であり統制下にあったが、もち米の作付けは制限されていたものの統制外で、これをついて餅にして食べた。仙台藩も同じで、普段は雑穀や糅《かて》を食べていたが、ハレの日には、餅を食べて楽しみ、体力の維持を図り、辛い農作業を忘れ、人をもてなしてきた。

昭和三十年ころの調査によると、餅を食べる回数の多いところは、県北と、その他の水田地帯であり、年に七十回も食べるところもあった。平均でも三、四十回。比較的少ないのは海岸地帯と町場だった。

最近は多くの家庭で年中行事を省略するようになり、餅も次第に特別の食事ではなくなった。また、食生活の変化などもあって、餅を食べる回数はすっかり減っているが、それでもなお餅に対する特別な思いは根強く残っている。

餅の食べ方

昭和三十年ころまではもち米のみの白餅と、二番米粉などを糅にした粉餅があって、普段は粉餅を食べていた。白餅は特別の日だけで年に数回しか食べられなかったので、白餅を食べたいという願望が強かった。

宮城県は餅料理が豊かで、五十種類以上あるといわれる。特に県北は種類に富み、一度に小豆餅、汁餅（雑煮餅）、おろし餅、しょうが餅、えび餅、納豆餅など五、六種類食卓に並ぶ。満腹になってもお代わりをさせ、たくさん食べることを自慢する楽しい食事の光景が見られた。

昭和三十年以前には、一度に一升餅（一・五キロのもち米で作った餅）を食べた人がいたという。

小豆餅（あんこ餅）

宮城の多彩な餅料理の中で、小豆餅は主役である。「小豆餅と提灯持ちは先」という諺《ことわざ》があるが、餅を食べる時は小豆餅から食べ始め、この餅で八割方お腹を満たす人が多い。

しかし、県内では正月に小豆餅を食べないところがあった。古川では正月三が日は食べない。松島は十一日の農はだてまで、登米、栗原、志田では暁粥まで、牡鹿では二十日まで食べない。その理由は、正月に火事は出せないから（小豆も火も赤色）、また、小豆が不足しており、代わりに麦芽飴があったからともいわれる。

小豆あんには「粒あん」と「漉《こ》しあん」の二種がある。粒あんは小豆の味が強く、素朴であり、漉しあんにはアクが抜けた上品さがある。

材　料（4人分）

小豆	250g
砂糖	1 1/2カップ （好みで加減する）
塩	小さじ1弱
餅	適宜

作り方

【粒あん】

❶たっぷりの水で小豆を洗い、浮いてくる豆や虫食いの豆を取り除き、鍋に入れる。

❷鍋にたっぷりの水を加えて煮る。煮立ったら、小豆特有の渋みを取り除くために煮汁を一度捨て、新たに水を加えて弱火で煮る。アクは取り除き、時々さし水をしながら、指でつまむとすぐつぶれるくらいまで煮る。

❸ゆで汁を切り、さっとつぶす。砂糖を入れて火にかけ、木べらで練りながら好みの固さになるよう水を加えて煮る。最後に塩を加える。

【漉しあん】

❶と❷は粒あんの作り方と同じ。小豆の量は粒あんより二割程度多くする。

❸大きな容器の中に、裏漉し器かザルを入れ、それに②を汁ごとあけ、かき混ぜながら漉す（水を入れながら漉すとやりやすい）。漉し器に皮だけが残るように漉し、皮は捨てる。

❹さらしの布袋を用意し、③を入れてきつく絞る。これを鍋に移し、砂糖を加えて混ぜ合わせ、砂糖が溶けてしっとりしたら火にかける。好みの固さになるよう水を加えながら木べらで練り上げる。最後に塩を加える。

※あんを練り上げる時には厚手の手袋をするとよい。一回分ずつ小分けにして保存する。

盛りつけ

あんを熱くして、つきたての餅や焼き餅を入れて、器に盛る。

ごま餅
じゅうねん（えごま）餅

ゴマは風味の良さから、古く奈良時代から料理に広く使われていたといわれる。戦前まではほとんどの農家で自家用に栽培していた。ゴマには白、黒、茶の三種類があるが、一般に餅の和え衣には、風味が強い黒ゴマが向いている。

じゅうねんはシソ科の植物で、ゴマとは異なる。ゴマと同様に油を取ったり、実を煎《い》って使う。戦前は自家用に栽培していて、餅やだんごの和え衣などにしていた。ゴマより香りが強く、こってりした味である。

ごま餅

材　料（4人分）	
ゴマ	100g
A 砂糖	40g
A 塩	小さじ1/2
A しょうゆ	小さじ1
水またはお茶	1/4カップ
餅	適宜

作り方

【ごま餅】

❶ゴマはほうろくに入れて、ゆすりながら煎り、二、三粒はぜ始めたら火から下ろし、紙の上などに広げる。煎り過ぎると苦くなり、色も悪くなる。逆に煎り足りないと香りが少ない。ほうろくがない場合は、フライパンに半紙を敷いて煎るとよい。

❷①をすり鉢で十分にすり、Aを入れて調味し、水またはお茶でのばして餅にからめる。

【じゅうねん餅】

作り方はごま餅と同じ。煎る時はごまより火の通りが早いので気をつける。

じゅうねん餅

えび餅

ゆでた川エビや沼エビにしょうゆ、酒で味付けして、餅にからめて食べる。ゆでたエビをすり鉢で粗くすって食べるところもある。

えび餅

しょうが餅

餅の食べ方には、甘党向きと辛党向きがあるが、しょうが餅は辛党向きの代表ともいえる。

すりおろしたショウガにしょうゆで味付けし、餅につけるだけのとてもシンプルな食べ方である。つきたての餅がおいしいが、おやつにする時には焼いた餅にもつけた。

しょうが餅

くるみ餅

クルミは里山、河川のほとり、居久根など至る所に自生していて、秋になると落ちた実を拾い、乾燥させ、一年を通じて料理に使っていた。精進料理には欠かせず、藩政時代には小正月の朝にくるみ餅を食べると風邪をひかないといわれていたとの記録がある。

クルミは脂肪を七〇パーセントほど含み、リノール酸も多い。体の成長促進や血液中のコレステロールを低下させる働きがあり、ビタミンB_1、カルシウム、リンなどが多く、栄養的に優れた食品である。

最近は、殻をむくのが面倒なせいか、市販しているむきグルミやペースト状のものを使う人が増えている。風味の点ではむきたてが最高である。

材　料（４人分）

	クルミ	100g
A	砂糖	40g
A	塩	小さじ1/2
	水	3/4カップ
	餅	8〜12切れ

くるみ餅

作り方

❶殻付きのクルミは、割って竹串で実を出し、小片の殻は丁寧に除く。

❷①をすり鉢でよくすり、Aで調味して、水を入れて硬めにのばし、餅にからめる。

※②で調味した後、鍋に移して少量の水溶き片栗粉を加えてとろみを付けると、餅をからめやすい。また、クルミは油が強いので、豆腐を加えると味が和らぐ。

おろし餅

大根をすりおろし、しょうゆで調味し、餅にまぶして食べる。酢を入れることもある。

おろし餅

納豆餅

宮城県の代表的な特産品である納豆は、長い歴史を持っている。納豆餅は昔から正月や節句、めでたい祝い膳はもちろん日常的にも食べられてきた。左党向きの素朴な味と、調理が簡単な点で人気がある。

昭和三十年ころまでは、正月の納豆餅用に十二月二十五日を「納豆ねせ」の日と定めて、多くの家で納豆を作った。

納豆餅

作り方

❶納豆をボウルにあけてとき、十分に粘りを出す。

❷しょうゆとごく少量の砂糖を加えて、好みの味にし、餅にからめる。

※かつお節や刻みネギ、のりなどを加えることもある。

ずんだ餅

ずんだ餅はうまい。今では仙台の名物として全国に知られている。

「ずんだ」(じんだ)の起源は大変古いと言われる。鎌倉時代にはすでに文献に見られるが、現在のずんだとは異なる。江戸時代、元禄年間の辞書「書言字考節用集」によれば、「湛汰《じんだ》又云踏糠味噌」とあって、当時はぬかみそのことで、こうじとぬかと塩を混ぜならし、それに酒または酢を加えて食べたものだった。

このころ仙台では、このぬかみそにゆでた青大豆をすりつぶして入れていたようだ。また、別にすりつぶした青大豆に砂糖、塩を加えて、餅などの和え衣にして食べるようになった。これを「ずんだ和え」というようになった(本吉地方では乾燥青大豆で作った)。江戸末期にはこの和え衣がずんだとして定着していったということで、すでに枝豆が利用されていたらしい。

ほかに、甚太という農夫が創作した和え衣からとする説、伊達政宗が陣太刀の柄で枝豆を砕いたことによるという説もある。それと関連があるかどうか、ずんだは宮城県と岩手県南部(旧仙台藩領)の郷土食である。

また、豆を打つ音(豆《ず》ん打《だ》)を表したとの説もある。

ずんだ餅は手間がかかるので、一家総出で楽しみながら作った。新鮮な枝豆で作るずんだは味、色、香り、いずれもすばらしく、三国一の〝ごっつぉう〟である。

材料(4人分)

	枝豆 (さやから出した状態で)	300g
A	砂糖	100g
A	塩	小さじ1
A	薄口しょうゆ	小さじ2
	水	1カップ
	餅	適宜

作り方

❶枝豆を水洗いし、塩を多めに振っておく。鍋にたっぷりの湯を沸騰させて、豆をゆでる。つまみ用より少し軟らかめにゆで、さやから豆を取り出し、薄皮をむいて、まな板で粗く刻んでから、すり鉢でよくすりつぶす。

❷①にAを加えて調味し、餅をからめやすい固さに水で伸ばす。

❸つきたての餅をからめる。

枝豆

栗っこ餅（栗餅）

かつては居久根や屋敷周りに栗の木があった。また里山にも栗があり、九月、十月になると子どもたちは競争して早起きし、栗拾いをして、ゆで栗や焼き栗、干し栗にして食べた。秋の風物詩であり、懐かしい思い出である。栗が豊作の年にはこの栗っこ餅をよく作った。

栗

材料（4人分）

栗		200g（皮をむいた状態で）
A	砂糖	50g
A	塩	小さじ1/2
餅		12切れ

作り方

❶小さい栗は鬼皮をむかずに一日天日にあてる。それをたっぷりの湯で軟らかくなるまでゆでて、湯を切る。
❷熱いうちに臼でつぶし、ころす（粉ふるい）で裏漉しにかけ、鬼皮と渋皮を取り、ほっくりとさせ、Aを加えて調味する。
❸餅に②をまぶす。べとつかないようにふんわりとまぶす。

※大きい栗は鬼皮をむいてから煮ると裏漉しがしやすい。

草餅（よもぎ餅・ごぼっ葉餅）

ヨモギはキク科の多年草。別名モチクサと呼ばれて親しまれ、空き地や土手などに繁っている野草である。

ようやく雪が消えて、野山に雑草が芽吹くころヨモギも芽を出す。人々はその芽吹きを待ち望み、さっそく摘んで草餅を作る。草餅には春先の若芽を使うのが一般的だが、次々に伸びる芯芽とやわらかい葉も利用できる。

草餅は鮮やかな緑色で、香りもよく、まさに春の味わい。春彼岸や春祭りなどに食べ親しまれている。

ヨモギには邪気を払う力があり、冬の間に体にたまった毒素を排泄するという言い伝えもある。そのため古くから薬草として利用されてきた。また、健胃効果があり他の餅と比べて消化がよく、少々食べ過ぎてももたれない。ビタミンA、C、カルシウム、タンパク質を含み、栄養価も高い。

ごぼっ葉（オヤマボクチ）は山地にワラビが出るころ生えるキク科の多年草で、栽培しているゴボウや山ゴボウの葉とは別である。作り方はよもぎ餅と同じ。

ヨモギの若芽

ごぼっ葉

作り方

❶もち米は洗って、一晩水に浸ける。

❷大きい鍋にたっぷり湯を沸かし、重曹を入れてヨモギをゆでる。少量ずつ分けてゆで、すぐに冷たい水にさらすと色がよくなる。アクが強いので、何度か水を替えながら一時間くらいさらす。

❸水気を絞って細かく刻み、すり鉢ですりつぶす。

❹もち米をザルに上げ、一時間水切りして蒸し、つく。

❺餅の中央に大きなくぼみを作り、そこにヨモギを入れて包み、さらに約二十分つく。

❻容器にきな粉（調味していないもの）を用意し、つき上がった餅を手でちぎってまぶす。重ねずに並べ、手早く冷ますと色がきれいになる。

❼きな粉に好みの分量の砂糖、塩を入れ、食べるときにかける。

※二、三日軟らかく保つには、片栗粉大さじ3で硬めのあんを作り、つき上がるころにつき込むとよい。小麦粉、砂糖などをそのままつき込む方法もある。

材　料（5～6人分）	
もち米	4カップ
ヨモギ	200～250g
重曹	大さじ2
きな粉	100g
砂糖	100g
塩	小さじ1

あかか餅

漉しあんで作ったあかか餅

小豆の煮汁で色付け、または煮小豆をつき入れたものである。漉しあんを入れた地域もあり、出来上がりがきれいな餅である。

加美町の旧小野田町地区ではあかか餅(あかこ餅ともいう)、県南や大崎市鹿島台地区ではあかあか餅、本吉地方では小豆餅と呼ぶ。

宮中の祭祀や儀式の時、赤、白、黒三色の餅を整えるが、その赤餅がこれである。また、伊達政宗の元旦の一番膳の紅白の菱餅(奥田餅)の赤餅もこれで、歴史のある餅のようだ。

旧小野田町では正月行事とあかか餅は深い結びつきがある。正月用の供え物やめい玉(まゆ玉・五穀豊穣、家内安全を祈願して神棚に飾る)の紅白の赤餅に使い、元日の朝にはあかか餅を食べる。

第二章

材　料	
もち米	5カップ
小豆	1カップ
塩	大さじ$1\frac{1}{2}$

作り方

❶小豆を軟らかく煮て、煮汁をきっておく。
❷もち米は餅を作る要領で蒸し上げる。
❸蒸したもち米を臼にあけて練り上げ、つぶつぶがなくなったら、①の小豆と塩を混ぜて練り上げ、餅をつく。
❹のし餅にする。

※漉しあんで作る場合は、煮小豆の代わりに漉しあんを入れてつき上げて、のし餅にする。

食べ方

❶焼いてそのまま食べる。
❷麦芽飴を温めて餅を入れ、軟らかくなったら茶椀に盛り、きな粉をかけて食べる。

ふすべ餅

焼きドジョウとゴボウ、唐辛子で作るふすべ餅は、県北の栗原、登米地方で昔から食べ続けられてきた。

「ふすべ（燻《ふす》べる）」は物を燃やす、いぶす、くすべる、煙を当てて黒くする、すすけさせるなどの意味である。こんがりと黒く焼いたドジョウとすりおろしたゴボウが主な材料なので、こうした呼び名がついたらしい。また、これらの地方には「ふすべる」に辛味を出すという意味もあり、まさにぴったりの呼び名である。

とりわけ、寒い季節にピリ辛のふすべ餅をフーフー言いながら食べて体を温めた。ピリッとしているので、夏にも好まれた。辛党以外にも好きな人が多い変わり餅の一種である。

ドジョウは秋から冬にかけて脂がのってくるので、この時期に焼きドジョウを作り、ベンケイに刺して保存しておき、時々火入れをして乾燥させる。ベンケイがない場合は、焼きドジョウを粉末にして、湿気を呼ばないように保存する。

ベンケイに刺した焼きドジョウ

材　料（4～5人分）

	焼きドジョウ粉	20g
	大根	300g
	ゴボウ	150g
A	しょうゆ	大さじ5
A	酒	大さじ2
	赤唐辛子	少々
	水	カップ4
	サラダ油	大さじ1
	餅	適宜

作り方

❶大根、ゴボウはすりおろす。
❷焼きドジョウは細かく刻み、すり鉢すって粉状にする。唐辛子は縦に裂いて種を取る（長いままでよい）。
❸鍋に油を熱して、おろしたゴボウをいため、次に大根おろしと唐辛子、粉末ドジョウを加えて、水を入れる（大根から出る水分を見て加減する）。
❹③にAを入れて、弱火で一時間ぐらい煮る。アクは丁寧に取る。
❺餅を入れて熱いうちに食べる。

※この材料は栗駒地方に多く、大根おろしを入れないでゴボウだけ、また、焼きドジョウではなく、鶏のひき肉を使うところもある。みそ味もある。

きじ餅・ごろんべ餅

栗原地方には、ふすべ餅のほかにきじ餅、ごろんべ餅がある。

きじ餅に使うキジは、昔も貴重品であった。だからキジを手に入れたとなると、隣近所がより集まって、みんなでこの餅を作って食べたらしい。

ごろんべ餅は、ドジョウを煮て作るので手軽さがある。

いずれもゴボウと唐辛子を入れた餅である。

唐辛子

作り方

【きじ餅】

❶キジ（骨付き）は出刃包丁で丁寧にたたいてすり身状にし、直径二㌢くらいの団子を作る。

❷スープを煮立てて団子を入れる。

❸すりおろしたゴボウ、唐辛子を入れて弱火で約一時間煮て、Aで調味し、セリと餅を入れる。

※最近はキジ肉だけを細かく切って、ガラはスープ用にしている。

材　料（4〜5人分）

キジ（骨付き）		250g
ゴボウ		250g
A	味噌	大さじ5
A	（またはしょうゆ）	
A	酒	大さじ4
唐辛子		1〜2本
セリ		30g
スープ（キジのガラ）		5カップ
餅		適宜

【ごろんべ餅】

❶鍋に油を熱し、ドジョウを生きたまま入れてふたをする。静かになったら一カップの水を入れて煮る。

❷煮汁の中に身だけをこそげて、骨を除く。内臓が入ると苦いので取り除く。

❸②にすりおろしたゴボウ、種を取った唐辛子、残りの水三カップを入れて、約一時間弱火で煮てAで調味し、餅を入れる。

焼きドジョウ作り

材　料（4〜5人分）

ドジョウ（太めのもの）		300g
ゴボウ		300g
唐辛子		1〜2本
A	しょうゆ	大さじ4
A	酒	大さじ4
水		4カップ
油		大さじ1
餅		適宜

豆餅

大豆やゴマなどをつき込む豆餅は、見た目もきれいで香ばしく、子供のおやつに、小昼《こびる》、夜食にと喜ばれた。

昭和三十年以前は粉餅で作る豆餅、ごま入り豆餅がほとんどだった。粉餅の豆餅は日にちが経ってもかちかちに硬くならず、割れやすく、食べやすい（36ページ参照）。

青大豆を使うと出来上がりが一段ときれいでおいしい。また、黒豆を入れると、餅が紫色に近い淡いピンク色になって、黒い豆との色合いがよい。ほかに、クルミやおからなども入れた。

青大豆

第二章

材料	
もち米	1kg
青大豆	100g
砂糖	100g
黒ゴマ	大さじ4
塩	小さじ1/2

作り方

❶もち米をよく洗い、一晩水に浸す（六時間くらい）。
❷もち米をザルに上げ、一時間くらい水切りをする。
❸蒸し器にもち米を入れ、水洗いした青大豆をその上にのせて蒸す。
❹③を臼にあけてつく。容器に砂糖と黒ゴマ、塩を混ぜておき、七分方ついた餅の真ん中にくぼみを作って入れ、餅で包み、十分混ざるまでつく。
❺四センチぐらいの厚さに延ばし、翌日に切る。

※青大豆だけ入れる場合は、青大豆の量を一割ぐらい増やすとよい。

凍み餅

凍み餅とは、厳寒のころ、餅を凍らせながら乾燥させたもので、もち米のみと、粉餅で作る方法とがある。

春に摘んだヨモギやごぼっ葉をゆでて乾燥させ、冬まで保存しておいて作ったものもある。このほかきらず(豆腐のおから)餅もあり、それぞれ風味が楽しめる。

乾燥した凍み餅をそのまま食べたり、小さく砕いてほうろくで煎って食べる。ほうろくがない場合は、フライパンを使うとよい。油でゆっくりと時間をかけて揚げるとなおおいしい。

また、水でもどして、フライパンに油を引いて焼き、きな粉をつけて食べた地方もある。

冬の夜食や子供のおやつにしたほか、春の山仕事には必ず持って行った。

材料

もち米		4.5kg(3升)
A	砂糖	200g
	ゴマ	1カップ
	クルミ	150g
	塩	大さじ2

作り方

❶もち米は水洗いし、六時間ぐらい水に浸しておく。

❷水気を切り、蒸して、餅をつく。

❸容器にAを混ぜておき、七分方ついた餅の真ん中に入れて全体に混ざるまでつく。

❹のし餅を作り、一日から二日おいて一〜二㌢の厚さに切り、凍らせる(軒下に吊るして乾燥させる)。

※水に浸してから干すとよい。天気のよい時には日よけをすること。

※米粉を混ぜる場合は、その分米の量を減らす。

※お供え餅や硬くなってしまった餅を凍み餅にする時は、きれいな水に一晩浸けてから、かちかちに凍らせて乾燥させていく。

きらず餅

きらずとはおからのことで、きしゃずともいう。豆腐の絞りかすだが、脂肪、タンパク質が多く、さまざまに調味し、利用している。

作り方

❶米粉を作る。うるち米ともち米のくず米は洗って、二〜三時間水に浸けてから、ザルに上げて水を切る。これを臼でついて粉にし、きらずを混ぜておく。

❷もち米は六時間ぐらい（冬季はもっと長く）水に浸けてから、ザルに上げて水を切る。

❸せいろの底にもち米を平らに敷き、その上に①をのせて蒸す。くず米ときらずを混ぜた部分は、蒸気が通りにくいので、箸などを使って通り穴を作るとよい。

❹蒸し上がったら臼でつき、のして切り餅にし、凍らせて乾燥させる。

※製粉した米粉を使う場合は、手で握って握り跡がつくぐらいの硬さになるように、ぬるま湯を入れて練ってから、きらずと混ぜる。

材料（五升餅）	
もち米	4.5kg（3升）
米　粉	10カップ
おから	10カップ

粉餅

粉ひき水車

昭和三十年ころまで、うるち米の二番米、三番米（くず米）の活用ともち米の節約のために日常的には粉餅を作って食べた。二番米、三番米をひき臼でひいたり、水車を使った製粉所でひいてもらったりしていた。戦後になってからは経営規模の大きい農家では動力付きの製粉機を使って粉にした。

粉餅はすな餅（しいな餅が訛った言葉）ともいわれ、もち米に米粉を混ぜるが、その割合は決まっていなかった。もち米に対して三分の一から二分の一の家が多かったようだ。

米粉はぬるま湯を入れてこねるが、手で握って握り跡が付くくらいの硬さにする。もち米を蒸すときに、こねた米粉をぼろぼろに崩して、もち米の上にのせて蒸し上げる。ところによっては、もち米だけさっと蒸してから、その上にこねた米粉をほぐしてのせて蒸す方法もあった。

これをつく。しかし、もち米だけをつく場合よりも粘りがあってつきにくい。出来上がりはもち米だけの場合よりもやや黄土色に近く、粘り気が少ない。お腹にもたれず、さっぱりしていて、いくらでも食べられたようだ。硬くなりにくく日持ちする。

くず米

食べ方は、もち米だけで作った餅と同じだが、干し餅、凍み餅などにも向き、乾燥すると砕けやすく、ほうろくで煎ったり、油で揚げたりして冬の夜食やおやつにした。

第三章　ご飯もの

みやぎ米の歩み

棒掛けが並ぶ実りの秋

肥沃な耕土と豊かな水に恵まれた宮城県は有数の米どころとして知られる。生産量は二〇〇一年は全国第五位。ササニシキ、ひとめぼれ、まなむすめなど、その名を知られるおいしい米の産地である。

米づくりの歴史は縄文時代にさかのぼり、寒冷地である宮城に定着したのは弥生時代であるといわれている。それ以来、米は重要な食糧として、また、財政の要として栽培されてきた。

江戸時代の仙台藩の政策も、米づくりが最重点とされた。新田開発、治水工事、河川改修などに取り組み、米の増産を目指した。経済政策として他藩にはない「買米制」を実施し、年貢を納めた後の残りの米全量を農家から買い上げ、江戸その他に転売した。その収入が藩財政を支え、六十二万石の石高だったが、実質的には百万石余の経済力があったといわれる。農民に対しては「米を食わず雑穀を食うべし」との百姓法度を出し、米作をしながら「腹いっぱい飯を食べて地をたたいて喜ぶ」という暮らしは夢のまた夢だった。また当時は天災が多かった上に、栽培技術も未熟で「三年一作」という言葉さえ残っている。

明治維新を迎えて、農民は地租改正などに期待を寄せたが、相次ぐ凶作や、それまでにも劣らぬ重税によって小作化が進んだ。高額な小作料に苦しめられ、第二次世界大戦までは小作争議が絶えなかった。

戦後は農地改革が断行され、小作農もやっと自作農となって生産意欲が高揚した。技術の進歩、品種改良、耕地面積の増加などにより、それまでの米不足の歴史に終止符を打った。宮城県が昭和三十八年に育成したササニシキは高い評価を受け、味、量ともに宮城県は米どころといわれるようになった。ちなみに県内の水田面積が最も多かったのは昭和四十四年である。

高度経済成長期からは国民の食生活が大きく変化し、米の消費量は減少、米不足から一転して過剰時代となり、昭和四十五年から米の生産調整、減反政策へと移行し、今日に至っている。

しかし、このような変化はあっても日本人の主食としての位置づけは変わらない。ご飯中心の日本型食生活は、栄養バランスが良く、健康維持の面でも優れている。世界一の長寿国を支え、世界的に高い評価も受けている。

新時代を目指した品種改良にも見るべきものがある。平成三年に技術的に難しいといわれていた味が良く、冷害にも強い米「ひとめぼれ」を育成した。この品種は斬新な名前とともに消費者、生産者からも高い評価を得て、コシヒカリに次ぐ、全国第二位の生産量を誇っている。

米は二千年以上にわたって作り続けられてきた唯一連作に強い作物。今後も主食を担う作物として、また、宮城県の基幹作物として、守り育てていきたい。

第三章

小豆おこわ

祭り

赤飯や小豆ぶかしともいわれるが、県内では「小豆おこわ」が一般的。もち米と小豆を蒸して作られる。「小豆めし」はうるち米に、軟らかくゆでた小豆を混ぜて炊いたものである。どちらも宮城県独特のものではないが、米作の盛んな郷土食の一つとして欠かせないものである。

小豆については、古く古事記に記述が見られる。赤い色が陽の色と結びついてめでたく魔除けの力を持つとされ、祝い事や行事に使われてきた。

おこわは他の家へも配ることが多いので、大きなせいろで大量に作った。最近は、五目ぶかしや山菜おこわ、栗ぶかしなども作られるようになった。

材　料（５人分）

もち米	5カップ
小豆	1/4カップ
打ち水（小豆の煮汁＋水）	1カップ
黒ゴマ	少々
塩	少々

作り方

❶小豆は洗って、たっぷりの水を加えて弱火にかけ、煮立ったらゆで汁を全部捨てる。再び水一・五カップを入れ、弱火で八分通りゆでる。小豆とゆで汁に分けておく。

❷もち米は洗って、冬は八時間、夏は四時間以上、水に浸しておく。

❸もち米をザルに上げ、十分に水気を切ってから①の小豆を混ぜ、蒸し器に入れる。蒸し器には固く絞った蒸し布を敷いておく。もち米を平らにならし、きっちりとふたをして、強火で蒸す。

❹米が透き通って生米がない状態になったら、蒸し布をつまんで大きめの容器にあけ、分量の打ち水を全体に振りかけて、よく混ぜる。

❺全体がよく混ざったら、蒸し布を洗ってぬめりを取り、もう一度絞って蒸し器に広げ、④を入れて強火で五分ほど蒸し、火を止める。

❻蒸し器からおこわを取り出し、湯気がこもらないように、平たい容器に広げる。

❼別々に煎ったゴマと塩を合わせてごま塩を作り、おこわの上に適宜振りかける。

第三章

五目めし

　五目めしはうるち米にニンジンやゴボウ、油揚げ、キノコ類などを加えて、しょうゆで味付けして炊いたもので、変わりご飯ともいわれる。もち米に同様の具を加えて蒸したものが「五目おこわ」である。

　白米のご飯が特別の日にしか食べられなかった時代に、少しの米に雑穀や野草、木の実を加えて、量を増やして作った「糅《かて》めし」が前身といわれている。

　五目めしは主に彼岸や盆の入り日、先祖の命日などに仏前に供え、家族で先祖への気持ちを表す食事として作られる習わしがあった。他家に配ったり、客に供する時はやや改まった「五目おこわ」、家族だけの手軽な食事は五目めしを食べるのが一般的だった。

　五目めしは、おかずがなくともおいしく食べられることから農繁期の小昼や、家族の祝いごとなどにも作られた。

第三章

材　料（4人分）	
米	3カップ
ニンジン	50g
ゴボウ	50g
糸こんにゃく	1/2個
油揚げ	1枚
干しシイタケ	4枚
A しょうゆ	大さじ2
A 砂糖	大さじ2
A 塩	小さじ1
だし汁	3 1/2カップ
もみのり	適宜
サヤエンドウ	適宜

作り方

❶ニンジン、ゴボウ、油揚げは五ミリくらいのさいの目か、せん切りにする。干しシイタケは水でもどしてから同じ大きさに切る。糸こんにゃくは下ゆでし、三センチの長さに切る。

❷だし汁とAの調味料を合わせてつけ汁を作り、その中に①を十分ほど浸けておく。

❸米は洗って水切りし、②の具をつけ汁ごと加えて炊く。

❹炊き上がって十分ほど蒸らしてから、上下をよく混ぜて、器に盛り、もみのりやゆでたサヤエンドウの細切りを散らす。

タケノコご飯

　四月下旬ころから県内各地で、太い孟宗竹を中心にタケノコが顔を出す。丸森町や名取市は古くから孟宗竹の産地で市場出荷はもちろん、最近では直接掘り取らせるタケノコ祭りなども盛んに行われている。

　タケノコは県内一円どこでも収穫される。雨上がりなどには食べきれないほど穫れるので、農家では田植え時や行楽にタケノコご飯やタケノコの煮しめ、タケノコのみそ和えなどタケノコづくしの料理が並ぶことも少なくない。

　五月下旬ころになると、孟宗竹に代わって細めのから竹などが収穫され、初夏まで季節感あふれるタケノコの味覚を楽しめる。

タケノコのゆで方

❶なるべく太くてずんぐりした、新鮮なものを選ぶ。皮を付けたまま、根元の硬い部分をそぐように切り落とし、先端の部分は四、五㌢のところを斜めに切り落とす。

❷身まで切り込まないように注意し、縦に一本、包丁目を入れる。

❸たっぷりのゆで汁に、米ぬかか米のとぎ汁と半分に切った唐辛子、タケノコを入れ、落としぶたをして火にかける。沸騰して五十分から一時間で軟らかくゆで上がる。火を止めそのまま冷ます。

❹すっかり冷めたら、切れ目を入れておいたところに指を入れ、一気に皮をむき、水洗いする。

※すぐに使わない場合は、必ず水に浸けておく。

作り方

❶米は洗って、水を切っておく。

❷タケノコ、ニンジン、油揚げは小さめの短冊切りにし、Aの中に十分間浸けて、下味をつける。

❸②を汁ごと米に加えて炊く。

❹炊き上がったら、上下を混ぜて器に盛り、木の芽を散らす。

タケノコ

材　料（4人分）

米		3カップ
水（煮汁＋水）		3 1/2カップ
ゆでタケノコ		150g
油揚げ		1枚
ニンジン		60g
A	しょうゆ	大さじ3
A	砂糖	大さじ1
A	酒	大さじ1 1/2
木の芽		少々

ゆり根ぶかし

栗原や登米など主に県北で、正月料理や精進料理に広く利用されてきた食材にユリ根がある。一般的には山ユリの根を使った。山ユリはわが国特産で、山野に自生し、夏に香気の強い花を咲かせる。地下の鱗茎(ユリ根)を掘り起こし、お盆に「ゆり根ぶかし」を作る習わしがある。

秋に掘り起こしたものは、鱗茎が充実してでんぷん質に富み、味もよい。モミ殻やおがくずの中に保存しておき、正月のきんとんや、煮物、ごま和え、茶碗蒸しなどに使った。

ゆり根ぶかしは色彩的には祝い事には向かず、白色のまままもち米のおふかしに加えられて、仏事やお盆の時に仏壇に供え、家族も食べるようになった。現在では鬼ユリ、車ユリなど食用にもなるいろいろなユリが栽培されている。

山ユリの根

作り方

❶ユリ根は一片ずつはがしてよく洗い、一晩水に浸けてアク抜きをする。Aの合わせ汁に浸けて下味をつけておく。
❷もち米は洗って一晩水に浸して水切りをし、蒸し器に入れて、米が透き通るまで蒸す。
❸大きめの器に②のおこわをあけ、①のユリ根を汁ごと加え、分量の打ち水をし、全体を混ぜる。
❹もう一度蒸し器に戻し、さらに十分ほど蒸して出来上がり。
※蒸らし方は39ページ作り方❺❻を参照。

材　料（5人分）		
もち米		5カップ
ユリ根		200g
A	酒	大さじ2
A	塩	小さじ2
A	砂糖	大さじ1
打ち水		1カップ

ささまき

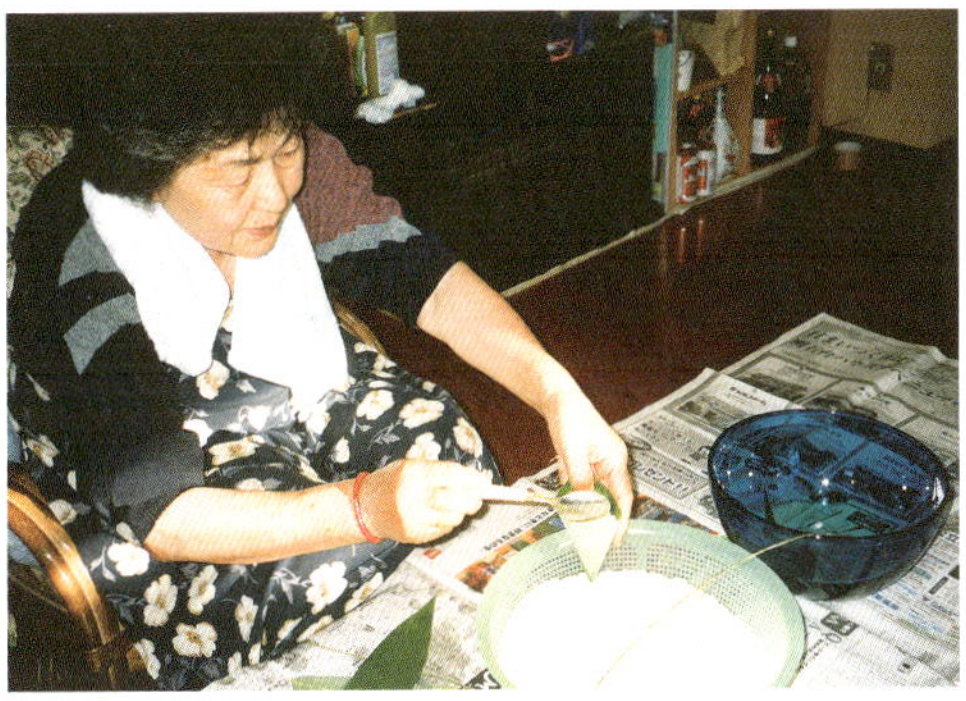

三角に折った笹にもち米をつめる

材　料（50個分）

もち米	7カップ
熊笹の葉	100枚
結び用いぐさ	50個分
きな粉	適宜
砂糖	適宜
塩	少々

「ちまき」ともいわれ、県南の町史にも年間行事に旧暦五月五日の「端午の節句」に子どもの成長を願って、お祝いに作られたと記されている。

もとは中国の習俗だったが、十七世紀ころ日本でも一般の家庭の行事食として作られるようになったという。

新しい熊笹が大きくなったころ、山に行って百枚もの笹の葉を取ってくることも、子どもたちにとって楽しい遊びの一つだった。笹の葉の防腐力は、昔からの生活の知恵で、食品の保存にいろいろと利用されてきた。

ささまきを作る時は五十個、百個と作り、涼しいところに下げておくと、数日くらいは日持ちしたという。子どもたちのおやつだけでなく、田植え時のおやつにも利用された。

一般には、中に包むのはもち米だけだが、大崎市岩出山地区ではあんこをうるち米粉ともち米粉を混ぜて練ったもので包み、それを熊笹の葉でくるみ、藁みごで結んで、釜ゆでしたとあり、地方ごとに特色も見られる。

作り方

❶もち米は洗って、ザルに上げて水気を切る。
❷笹の葉はよく洗い、水気を拭いておく。
❸笹の葉の表を中にして、じょうごのように三角に折り、もち米を九分目くらいまで入れ、もう一枚の葉でふたをするように包み、いぐさでしっかり結わえる。これを五個ずつまとめておく。
❹③をたっぷりの水の中に浸し、落としぶたをして一晩おく。
❺④を引き上げ、大きめの鍋にかぶるくらいの水を入れて火にかけ、四十分から一時間ゆでる。
❻ゆで上がったささまきは食べる分の葉をはずして、砂糖と塩少々を混ぜたきな粉をつけて食べる。

イノハナご飯

獣の皮に似た外観と独特の香気を持つコウタケは、その味を知る人には珍重されるが、一般にはその外観からすぐに手の出るキノコではない。その姿、形から地方ではイノハナ、シシタケ（煤茸・鹿茸）などの名で呼ばれている。

採りたてをさっとゆで、大根おろしで食べることもあるが、普通は乾燥させて芳香が増したものを、ご飯やおこわにすることが多い。祭りや行事のごちそう向けに干して保存した。

最近は、薬用としても注目されていて、栗原市の花山地区では古くから下痢止めに用いていた。

材　料（4人分）

米		3カップ
水（つけ汁＋煮汁）		$3\frac{2}{3}$カップ
乾燥イノハナ		30g
A	しょうゆ	大さじ4
	酒	大さじ2
	つけ汁	$\frac{1}{2}$カップ

作り方

❶乾燥イノハナはぬるま湯でもみ洗いしてから、ぬるま湯を替えて浸けてもどし、つけ汁をとっておく。水気を絞り、二センチくらいの長さの細切りにする。

❷①のイノハナをもどし汁とAの調味料で煮て味付けする。ザルに上げて煮汁を分けておく。

❸米は洗って水を切り、分量の水に三十分くらい浸けてから炊く。①の具をのせて蒸らし、さっくり混ぜる。

マツタケご飯

「においマツタケ、味シメジ」と昔からいわれるように、香りを味わうならマツタケが最上。加えて歯切れの良さ、旨味、姿の良さといずれを取ってもキノコの王様にふさわしい。

県内では気仙沼地方の沿岸が産地として知られ、昔はシーズンになると夜明け前からマツタケを探す人のローソクの灯りがいくつも見えたという。

マツタケはその上品な味と香りを損なわないよう淡泊な料理が適している。ごはん物や吸い物、ミョウガの葉と濡れ紙に包んで炉の灰で焼く「ホドムシ」などにした。

材　料（4人分）

米		3カップ
水		$3\frac{2}{3}$カップ
マツタケ		中2本
A	しょうゆ	大さじ2
	酒	大さじ2
	塩	小さじ1
だし昆布		10センチ

作り方

❶米は洗ってザルに上げ、三十分くらいおく。

❷マツタケは石突きの部分の汚れを削り取り、縦に薄切りにする。大きい場合は長さ三センチくらいの短冊切りにする。

❸米に分量の水とマツタケ、だし昆布、Aを入れて軽くかき混ぜて炊く。ごはんが沸騰してきたら、昆布を取り出し、普通に炊き上げて蒸らし、さっくり混ぜる。

マイタケご飯

マイタケ

旨味、香り、歯ざわりの三拍子そろっているキノコがおいしいといわれるが、マイタケはマツタケとともに、この三つの条件を備えている。しかも大きいものでは三十〜四十キログラムもある。これを見つけた人が嬉しさのあまり踊り出したためにこの名がついたというのもうなずける。深山の樹齢何百年という大木に生えており、キノコ採りなら、一度は採ってみたい憧れのキノコだという。

マイタケはいろいろな食材との相性がよく、特有の芳香はご飯物、煮物、汁物などの味を一段と引き立てる。採りたての香りを楽しむのが一番である。

材料（4人分）

米	3カップ
水（煮汁＋水）	3 2/3カップ
マイタケ	200g
糸こんにゃく	100g
ゴボウ	50g
油揚げ（大）	1/2枚
A しょうゆ	大さじ4
A 酒	大さじ2
A だし汁	1/2カップ

作り方

❶米は洗ってザルに上げ、三十分くらいおく。
❷マイタケはさっと洗い、手で適当な大きさに裂く。
❸糸こんにゃくはゆがいてアクを抜いてから三センチくらいに切る。
❹ゴボウは皮をこそげて洗い、細いささがきにし、酢水にさらしてアクを抜く。
❺油揚げは油抜きして三センチの細かいせん切りにする。
❻②〜⑤の材料をだし汁とAの調味料で煮て味つけし、ザルに上げて煮汁と分けておく。
❼米に分量の水を加えて炊き、⑥の具をのせて蒸らし、さっくり混ぜる。

ウニご飯

ウニは縄文、弥生時代の遺跡からも見つかっており、かなり古くから食用にされていたようである。

宮城県では「がぜ」とも呼ぶ。三陸沿岸のウニは東北地方以北にすむキタムラサキウニで、とげが長く、淡い身の色が好まれている。海藻の豊かな岩礁に生息し、三〜四年で漁獲できるサイズの五㌢以上になる。漁獲量は全国で五位と増えつつあるが、高級食材になってしまった。

食用にしている部分は生殖巣で、旬は五月から七月である。濃厚な旨味と独特な香りが特長で、生をワサビじょうゆやすし種にして食べると一段とおいしい。漁師はおにぎりに入れて持参したみそを、舟上でむきたてのウニに混ぜて食べたという。

キタムラサキウニは、加工にはあまり適さず、家庭では塩ウニやウニみそ、ウニご飯などにして食べた。

殻付き生ウニ

材　料（4人分）

米		3カップ
生ウニ		100g
水		$3\frac{2}{3}$カップ
A	酒	大さじ4
	しょうゆ	大さじ2
	塩	小さじ1/2
のり		1/2枚

作り方

❶米は洗って、ザルに上げて水を切り三十分くらいおく。

❷①の米に水とAの調味料を入れてかき混ぜ、上にウニをのせて炊く(ウニを入れてからはかき混ぜない)。

❸ご飯が炊き上がったら、さっくり混ぜ、もみのりを散らす。

はらこめし

県内には北上川、鳴瀬川、阿武隈川をはじめ大小の河川が流れており、秋になるとサケが産卵のために遡上してくる。真冬にふ化した幼魚が春に海へ下る。太平洋を回遊し、北の海で三年から四年かけて親になり、生まれた川に戻ってくる。

宮城県はサケ類(白サケ類)の漁獲量が平成十四年現在全国三位。百年以上前から人工ふ化放流事業に取り組み、サケを守り育ててきた歴史がある。現在も県内に二十カ所のふ化場があり、増殖と資源保護の努力が続けられている。

昔は川サケはサケノウと呼び、大きな木桶に塩漬けし、塩引き(荒巻鮭)にした。ハラコも塩漬けにして、かめに貯蔵しておき、正月の雑煮の上盛りのほか、大根なますや熱いご飯にのせたりした。地方によってはみそ汁に入れるなど、素朴で手間をかけない食べ方が一般的だった。

はらこめしは、藩主・伊達政宗が貞山運河工事の視察を行った際に亘理・荒浜の漁師が献上したのが始まりと伝えられている。

材料(4人分)

米		3カップ
水(サケの煮汁+水)		3 2/3カップ
サケ		200g
ハラコ		60g
A	しょうゆ	大さじ4強
	酒	大さじ4強

作り方

❶サケは皮や骨を除き、二㌢角に切る。鍋にAの調味料を煮立て、サケの身を入れ、くっつかないように箸で身を離して煮る。煮えたら身をすくい上げて平たい器に広げ、煮汁と分けておく。

❷ハラコは水洗いし、五〇～六〇度の湯の中で静かにほぐす。①の煮汁に入れて火にかけ、軽くかき混ぜ、煮立ち始めたらザルに上げて汁を切る。この時に煮過ぎると、硬く、まずくなるので注意する。

❸米は洗って、ザルに上げて水を切り、三十分ぐらいおく。米に分量の水を入れて炊き、①のサケの身をのせて蒸らす。

❹ご飯をさっくり混ぜて器に盛り、②のハラコをご飯の上に散らす。

カキご飯

冬の味覚を代表するカキは、食用にされてきた歴史は古く、弥生時代の貝塚からもたくさん出土している。宮城県では約二百八十年前に養殖が始まっており、現在では全国第二位の生産量（平成十四年）を誇り、養殖の種苗となる種ガキの生産県にもなっている。

県内で養殖されているカキはマガキという種類で、夏に産まれた稚貝を、ホタテ貝の貝殻を重ねた採苗器に付着させ養殖する。二年子、三年子を収穫するが、そのほとんどが鮮ガキで出荷され、生食用の生産では全国一位である。

カキは冬から初春にかけて、グリコーゲンをたっぷり蓄え、甘味と旨味が増し、二月ころ最もおいしい。ビタミンや無機質などを豊富に含み、「海のミルク」とも呼ばれている。また、血栓性疾患を予防したり、コレステロールを低下させるなどの作用があるとされる。

カキの特有の味と滑らかな食感を味わうには生食が最適。煮すぎると身が縮んで味も損なわれるので、加熱するのは汁物や、みそ田楽ぐらいだった。ご飯に炊き込んで食べるのは、近年になってからである。

第三章

材　料（4人分）

米		3カップ
水（カキの煮汁＋水）		$3\,^2/_3$カップ
カキ		200g
A	酒	大さじ4
A	しょうゆ	大さじ2
A	塩	小さじ$^1/_2$
のり		少々

作り方

❶米は洗って、ザルに上げて水を切り、三十分ぐらいおく。

❷カキは塩水で振り洗いし、さっと真水で流してから、ザルに上げて水を切る。カキをAの調味料でさっと煮て、カキと煮汁を分けておく。

❸米に分量の水を入れて炊き、②のカキをのせて蒸らす。炊き上がったらさっくり混ぜて、器に盛り、もみのりを散らす。

殻付きカキ

アワビご飯

室町時代にアワビの干し物を末広に切り、贈り物に添えたのが熨斗《のし》の始まりとされる。アワビには中国でも秦の始皇帝以来、不老長寿の伝説があり、古来よりめでたい貝とされてきた。

宮城県の海で採れるアワビはエゾアワビと呼ばれる種類で、上品な磯の香りと柔らかな歯ごたえがとてもおいしい。七ヶ浜以北の岩礁にすみ、宮城県は全国二位(平成十四年)の漁獲がある。三陸の海では夏に産卵するので、冬から春が旬である。こりこりした歯ごたえが特徴で、新鮮なアワビを刺身にしてワサビじょうゆや二杯酢で食べる生食が一番おいしい。肝も二杯酢や塩辛にして、酒の肴として親しまれてきた。加熱調理するようになったのは近年のこと。一般家庭ではアワビの肝も入れてご飯を炊くこともある。

貝のご飯ものは、漁師が舟でサラ貝などをみそ味で炊いたりしていたが、やがて家庭でも食べるようになった。

殻付きアワビ

材　料（4人分）

米		3カップ
水(煮汁＋水)		$3\frac{2}{3}$カップ
アワビ（中）		2個
A	しょうゆ	大さじ1
	塩	小さじ$\frac{1}{2}$
	酒	大さじ2
	水	$\frac{1}{2}$カップ

作り方

❶米は洗って、ザルに上げて水を切り、三十分くらいおく。
❷アワビは身の表面に塩をまぶし、タワシでこすって粘液を洗い流し、身を引き締める。殻の薄い方から殻と身の間に木じゃくしを入れて身を押し出す。肝などを取り、水洗いする。
❸アワビを薄い短冊切りにし、Aの調味料でさっと煮て、アワビと煮汁を分けておく。
❹①の米に分量の水を入れて炊く。③をのせて蒸らし、さっくり混ぜる。

魚けえ

脂っこい魚は他の食材との相性がよく、メヌケ（オオガサ）もその一つである。メヌケは銚子以北、東北、北海道の太平洋岸で獲れる。水深二百～千三百メートルもの海底の岩礁地帯にすみ、十年以上を経てやっと成魚になる。深海から引き上げられると水圧の急変で目が飛び出すので、メヌケと名付けられた。

今ではなかなか口にすることのできない高級魚だが、気仙沼地方では昔はたくさん獲れたという。メヌケの全国の漁獲量は昭和三十年代後半までは一万トン以上あったが、平成十四年には九百六十七トンまで激減した。昭和十三年の気仙沼の水揚げだけで五百六十トンあったことを考えると、今でも全国第二位の漁獲量とはいえ、高嶺の花になってしまった。

メヌケの旬は秋から冬で、脂っこいがクセがないので、他の食材と調和し、より旨味を引き出してくれる。生食、煮る、焼く、ご飯物と用途は幅広く、アラ汁もおいしい。浜では頭を焼いて干し、たたいてすりつぶしてからみそで調味し、大根なますや木の若芽を和えた。

魚《さかな》けえは、唐桑地方の漁師が船で漁に出たときに食べていたもので、魚と煮た「魚粥」が訛ったもののようだ。

みそ味のご飯は珍しいが、みそは携行に便利な調味料として漁師に重宝された。魚けえは漁師料理から家庭の食卓にも上るようになり、粥からご飯に、調味もみそからしょうゆへと変化してきた。脂っこい魚とみその風味が溶け合ったおいしい一品である。

作り方

❶洗って水を切った米と、分量の水を加えて三十分以上浸しておく。

❷魚はうろこと頭、内臓を除いて、切り身かぶつ切りにする。

❸ニンジンは皮をむき、三センチのせん切り、ゴボウも皮をこそげて同じ大きさに切り、水にさらしてアクを抜く。

❹①に③の野菜とみそを溶き入れて、かき混ぜ、②の魚を上に並べて炊く。炊き上がったら、②の魚の骨を除いて身をほぐし、さっくり混ぜる。

材　料（4人分）	
米	3カップ
水	3 1/3カップ
メヌケ（骨付き）	300g
ニンジン	40g
ゴボウ	50g
みそ	大さじ3弱

第四章

小麦・そば

みやぎの麦・そば

収穫間近の小麦

かつて旧暦の四月末から五月は「麦秋」と呼ばれた。今日で言えば初夏に当たり、周囲は青葉のころだが、麦畑のみが黄金色に輝く光景はいかにも「実りの秋」を感じさせる。

宮城県でも昭和三十年ころまでは、こうした光景が県内一円で見られた。耕地面積で見ると畑地は昭和三十一年が最も多く、約五万五千ヘクタル。水田面積のおよそ五割にのぼっていた。畑地のうち最も作付面積の多いのが大麦、小麦で合わせて約三万一千ヘクタル、小麦だけだと一万一千二百ヘクタルだった。

大麦

当時の畑地は秋に麦の種をまき、初夏の収穫前に豆類をまいて秋に収穫する一年二作だった。これらの麦類は販売もしたが、大麦は糅《かて》飯の糅となり、小麦は粉食として食べた。小麦粉は古くからうどん粉と呼ばれ「うどん」や「はっと」として食べられた。お盆には新粉でうどんを作り、盆棚に供えるのが習わしのところが多い。

麦類の作付面積は昭和三十年代初めがピークで、それ以降は米不足が解消したため、麦飯を食べることが少なくなった。こうした食生活の変化や小麦の輸入増加、加工食品の出回りなどで作付面積は減少の一途をたどった。

そばの花

一方、そばは種まきから収穫までの期間が短く、雑草に近い適応性を持つ穀類の一つ。救荒作物として古くから栽培されてきた。

宮城県でも明治時代まで中山間地を中心に栽培され、およそ千ヘクタルの作付面積があって、貴重な食料だった。小麦と同様、昭和三十年以降は急速に減っている。

しかし、最近は小麦もそばも転作作物に導入され、伝統食の見直しブームもあって作付面積は増加に転じている。

はっと（はっとう）

「はっと」は県北一帯で食べられてきた小麦粉を使った代表的な郷土食である。その名は、地域によってさまざまで、栗原、登米地方は「はっと」「はっとう」、玉造地方では「つめいり」「つみれ」、そのほかの地方では「ひっつみ」「とってなげ」、濁って「ばっと」ともいう。

「はっと」の名の由来にはいろいろな説がある。その一つは、昔、凶作の調査に訪れた、藩の役人に村人がはっとを差し上げたところ、あまりにもうまいので役人は「普段の日には食べてはならぬ。ハレの日に限って食べてよい」と言い渡した。つまりご法度から付いたという説である。

また、昔、そば好きの殿様が庶民にはそば切りを禁じた。それならと手で伸ばしたそば粉のはっとを食べ、ご法度を逃れたので名付けられたという話。

もう一つは小麦粉を練って伸ばして煮たものを餺飥《はくたく》と言い、音読みで「ほうとう」。これが「はっとう」「はっと」となり、うどんの元祖といわれている。

さらに「はっと」を「八斗」と書き、五斗俵の小麦を製粉すると粉が五斗、ふすま（小麦の皮）が三斗、合わせて八斗できる。これを八斗挽きと呼び、この粉を八斗粉という。それで作ったものだから「はっと」となったとの説もある。

食べ方は餅と同じように多様。

第四章

作り方

❶ふるいにかけた小麦粉に少しずつ水を入れてかき混ぜ、耳たぶより少し軟らかめに練る。水は小麦粉の質や季節によって加減する（夏は少なめ）。

❷濡れぶきんをかけて二時間寝かせる。

❸鍋にたっぷりの湯を沸かし、手を濡らして②を一握り左手に取り、両手の親指と人差し指で三～四㌢大にできるだけ薄く伸ばし、ちぎって鍋に入れる。浮いてきたらすくって水気を切る。

材　料（４人分）

小麦粉	320g
水	200～240cc

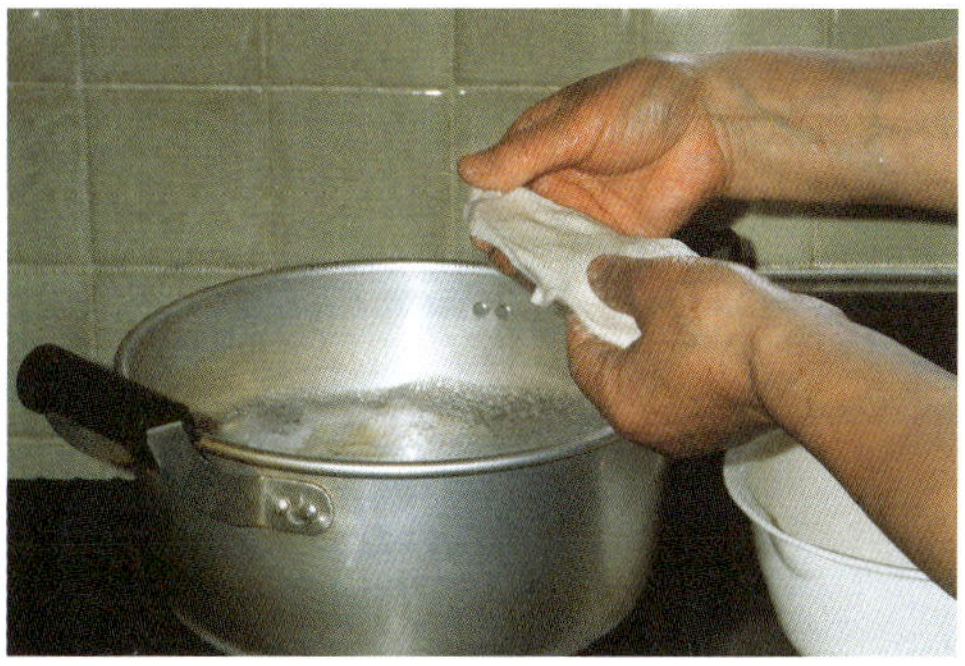

汁はっと

汁はっとは、季節を問わずご飯が足りない時に作って食べた。

宮城県は仙台藩時代から米作りが農業の中心だったが、日常の食べ物は雑穀が主体だったので、さまざまな工夫が見られる。汁はっとはその一つ。当時はみそ味で、直接汁にはっとをつみ入れて作った。

汁の具は、季節の野菜と凍み豆腐、油揚げ、ズイキ、キノコなどである。最近はだしに煮干しではなく鶏肉を使うことが多くなった。

材　料（４人分）

大根	150g
ニンジン	50g
ゴボウ	50g
干しシイタケ	2～3個
ネギ	1本
煮干し	4～5匹
A しょうゆ	大さじ4
A 酒	大さじ2
だし汁	4カップ
（煮干しのだし汁+シイタケのもどし汁）	
はっと	適宜

作り方

❶大根、ニンジンは短冊切り、ゴボウはささがきにする。シイタケは水でもどし、せん切りにする。

❷煮干しでとっただし汁とシイタケのもどし汁四カップを鍋に入れて煮立て、ゴボウ、シイタケ、大根、ニンジンの順に入れて煮る。Ａで調味する。

❸②にはっとを入れ、最後にささ切りのネギを入れる。

※セリを入れる場合は三センチくらいの長さに切る。

※汁はっとに入れる場合のはっとは小麦粉１２０～２００グラム（４人分）で作ったもの。

小豆ばっと

小豆あんを使った料理は、あんこ餅、小豆だんご、おはぎなどさまざまあるが、はっとは熱々でも冷めてても、特有の歯触りがあっておいしい。漉しあん、粒あんいずれでもつくる。漉しあんの場合は、粒あんより一割ほど小豆を増やすとよい。

材　料（４人分）

小豆	1カップ
砂糖	100～130g
塩	少々
はっと	適宜

作り方

❶小豆あんを用意し（小豆餅のあんと同じ。25ページ参照）、ゆで上げたはっとにからめる。

ずんだはっと

作り方

❶ずんだを用意し（ずんだ餅のあんと同じ。28ページ参照）、ゆで上げたはっとにからめる。

小豆粥ばっと

栗原地方では、小豆はっととというとお粥入りだった。

材　料（４人分）

米	1/2カップ
小豆	1/2カップ
砂糖	適宜
塩	少々
はっと	適宜
水	6カップ

作り方

❶小豆は洗い、二カップの水を入れて少し硬めにゆで、ザルに上げる。
❷米は洗って鍋に入れ、四カップの水を加えて、①の小豆とはじめ強火で煮る。煮立ってきたら弱火にし、おかゆを作る。
❸砂糖と塩を入れて味を調え、ゆで上げたはっとを入れる。砂糖は好みに応じて入れる。

カボチャばっと

年間で一番日が短いのが冬至。そして冬の寒さもこのころから厳しくなる。本格的な寒さの始まりである。冬至にかぼちゃと小豆をいっしょに煮た「冬至かぼちゃ」を食べる慣習があるが、県北にはそれに粥とはっとを入れるところがある。

冬至に冬至かぼちゃを食べると脳卒中にならない、風邪をひかないなどといわれてきたが、それはその時期の気候の変化を念頭においてのことだろう。フーフーと言いながら熱々を食べると体が温まり、深まる寒さへの備えとした。また、ビタミンAとCが豊富なかぼちゃや小豆などに悪病払いを期待した。

夏野菜のかぼちゃを冬至用に大切に保存して食べた。

材　料（４人分）

カボチャ		150g
米		1/2カップ
水		4カップ
小豆		1/3カップ
A	砂糖	70～80g
	塩	少々
はっと		適宜

作り方

❶小豆はアクを取るため、硬めに煮て煮汁を捨てる。
❷鍋に四カップの水を入れ、洗った米と小豆を入れ、軟らかくなるまで弱火で煮る。
❸カボチャは二㌢角ぐらいに切り、②に入れて軟らかくなるまで煮る。
❹ゆで上げたはっとを③に入れ、Aで調味する。
※地域によっては米を入れずにカボチャと小豆の中にはっとを入れるところもある。

ごまばっと・じゅうねんはっと

ごまばっと

作り方

❶ごまあんを用意し（ごま餅のあんと同じ。26ページ参照）、ゆで上げたはっとにからめる。
※じゅうねんも同様に作る。

じゅうねんはっと

第四章

切り麦

手打ちうどんのことである。県北ではお盆にこの切り麦と「ミョウガの葉やき」を仏前に供える風習があった。

切り麦という言葉は宮城県以外でも広く使われている。麦とは小麦のことで、小麦粉で作るという意味もあり、麺と書いて「むぎ」と読んだとも言われている。切り麦ではなく「うどん」と言い、小麦粉を「うどん粉」と言っていた地方も多い。

切り麦が食べられるようになったのは、原料の小麦が雑穀とともに栽培が奨励され、また米に代わる主食となったことが主因で、江戸時代以降一般家庭に普及した。

自家生産された小麦は、近隣の製粉所か各家庭の石臼で粉にされ、「はっと」や「うどん」「葉やき」などにして一年中食べた。切り麦は大体ハレの日の食事で、来客時などに食べる上等の食べ物とされ、農作業の休み日にもよく作って食べた。粉と水をこねる者、足で踏む者、家族全員で切り麦を作る楽しいひとときだった。

打ちたての切り麦

材　料（4人分）

小麦粉	4カップ
水	1カップ
塩	大さじ2
かけ汁	
しょうゆ	1/3カップ
みりん	大さじ2
だし汁	5カップ
薬味（ミョウガ・ネギ）	適宜

作り方

❶粉は振るって台の上に盛り上げ、くぼみを作り、そこに少しずつ塩水を加えながら、ぱさつく程度にこねる。

❷これをまとめて濡れふきんに包んで、夏は一時間、冬は二時間以上寝かせる。

❸ふきんから出し、鉢の中で両手で力を入れて十分にこねる。

❹打ち粉をした台の上に取り出し、めん棒で縦横に延ばす。めん棒に巻きつけ、両手に力を入れて、転がしながら、五ミリの厚さに延ばす。

❺めん棒からはずし、打ち粉を振り、屏風だたみにし、小口から好みの太さに切る。

❻切ったら余分な粉を払い、たっぷりの湯でゆでる。麺が透明になったら水にとって、もむようにして洗い、ザルに上げる。

❼食べる分量をザルにとり、熱湯に浸けて温め、ザルごと振って水気を切る。丼に盛る。

❽鍋にかけ汁の調味料を入れて火にかける。熱々にして⑦にかけ、好みの薬味や油揚げを入れる。夏場には冷やしてつけ麺として食べてもよい。

油麩うどん

うどんは正月やお盆のごちそうであり、来客へのもてなしであった。古くは手打ちうどん（切り麦）だったので、それを作るのは主婦の大仕事だったが、やがて各地に製麺所ができ、委託加工するようになった。

うどんを正月やお盆に食べる地方が多かったのは、とろろめしと同様に「細く長く生きる」「邪霊が滑って入ってこれない」と縁起をかついでいたからである。

お盆の食事はもちろん精進料理で、豆腐や油揚げが主役だった。明治時代に登米市登米町地区で油麩が考案され、お盆には必ず食べるようになった。

麩を手で作っていた時代は、水で練った小麦粉を足で踏み、さらに踏みながらでんぷんを水で洗い流し、主原料となるグルテンを作った。これを棒状に伸ばして油で揚げる作業は、夏の暑さの中で行うだけに重労働だった。

油麩は主にうどんや味噌汁、夏野菜とともに煮物にした。油揚げと同じような食べ方が適し、汁物には水から入れ、煮物には水でもどしてから調理することが多い。

材　料（４人分）	
乾麺	300g
油麩（輪切り）	8切れ
干しシイタケ	3〜4枚
ミョウガ	2個
だし汁（シイタケもどし汁＋水）	5カップ
A しょうゆ	1/3カップ
A 酒	大さじ2

作り方

❶乾麺はたっぷりの湯で差し水をしながらゆでる。ゆで上がったら水に取り、冷ましながらもみ洗いし、ザルに上げる。

❷干しシイタケのもどし汁と水五カップを鍋に入れ、一センチくらいの輪切りにした油麩と、せん切りの干しシイタケを入れて煮立て、沸騰したらAで調味する。油麩は水から入れるとコクが出る。

❸①のうどんを熱湯に浸けて温めて、水気を切って丼に盛る。②の汁と具をたっぷり注ぎ、薄切りミョウガをのせる。

油麩

そば切り

そばの歴史は古く、八世紀ころ日本に渡来し、粒食だったものが、江戸時代初期からそば切りにして食べるようになったといわれる。

そばは米の不足を補う必要から生産されたが、夏は冷涼、痩せ地を好むそばの栽培に適した耕地は、宮城県には少なかった。

しかし、そばは冷害の影響を受けにくく、栽培する土地を選ばない。栽培期間も短く長期間保存しても変質しにくいことなどから備荒食料だった。地方によっては「餓死がこい」と称して終戦ころまで備蓄していた。

そばは主にそば切りとねっけ（そばがき）にして食べた。そば切りは行事やもてなし料理として冬は熱い汁で、夏には冷たい汁をかけて食べた。とはいえ、石臼や水車でひいたひきぐるみ（全層粉）はきめも粗く、おいしくなかった。つなぎに小麦粉を用い、製粉技術がよくなり、汁のだしを吟味する現代の味とは大分違っていたのかもしれない。

第四章

全そばの作り方

❶そば粉をねり鉢に入れ、熱湯を一気に入れてよくこねる。途中で少し手にとって握り、指で押して半分に割れたら盃一杯の水を振り入れて、さらによくこねる。

❷めん棒で延ばして（厚さや幅は五ミリくらい）切る。

全そば材料（４人分）	
そば粉	400g
熱湯	200g
水	盃1杯

【二八そば】

江戸時代になってそれまでのそば粉だけで作る全そばから、つなぎに小麦粉を二割入れるようになった。それ以来、この呼び名で親しまれてきた。

二八そば材料（４人分）	
そば粉	400g
小麦粉（強力粉）	100g
水（粉の容量の45％）	1 1/4カップ
打ち粉（そば粉）	適宜

※水はそば粉の乾燥状態や季節により加減する。

二八そばの作り方

❶そば粉と小麦粉を混ぜてふるい、ねり鉢に入れる。

❷水回し
水を二〜三回に分けて入れ、均一に混ざるよう、指を立てて力を入れずに手早くかき混ぜる。粉の一粒一粒に水が浸透するようにしないと、食感がよくないし、うまくつながらない。

❸まとめとねり
アメ玉くらいのころころとした塊にまとまってきたら寄せ集め、ねり始める。両手を使って塊を押しては引いてを、二十〜三十回繰り返して玉にする。さらに真ん中に折り込むようにして丸めながらよくこねる。

❹③をラッキョウ型にまとめ、上から押しつぶして円盤型にし、親指のつけ根辺りで少しずつ回しながら押し広げる。真ん中も手のひらでつぶして丸くのばす。

❺四つ出し
打ち粉を振り、めん棒をのせ、手前から巻きつけて奥に回転させ、手前に引き戻す。これを何度か行い、四隅を繰り返して広げると正方形になる。

❻本延ばし
四つ出しが終わってもまだ生地の厚さが均一ではないので、めん棒を転がして均一に伸ばしていく。

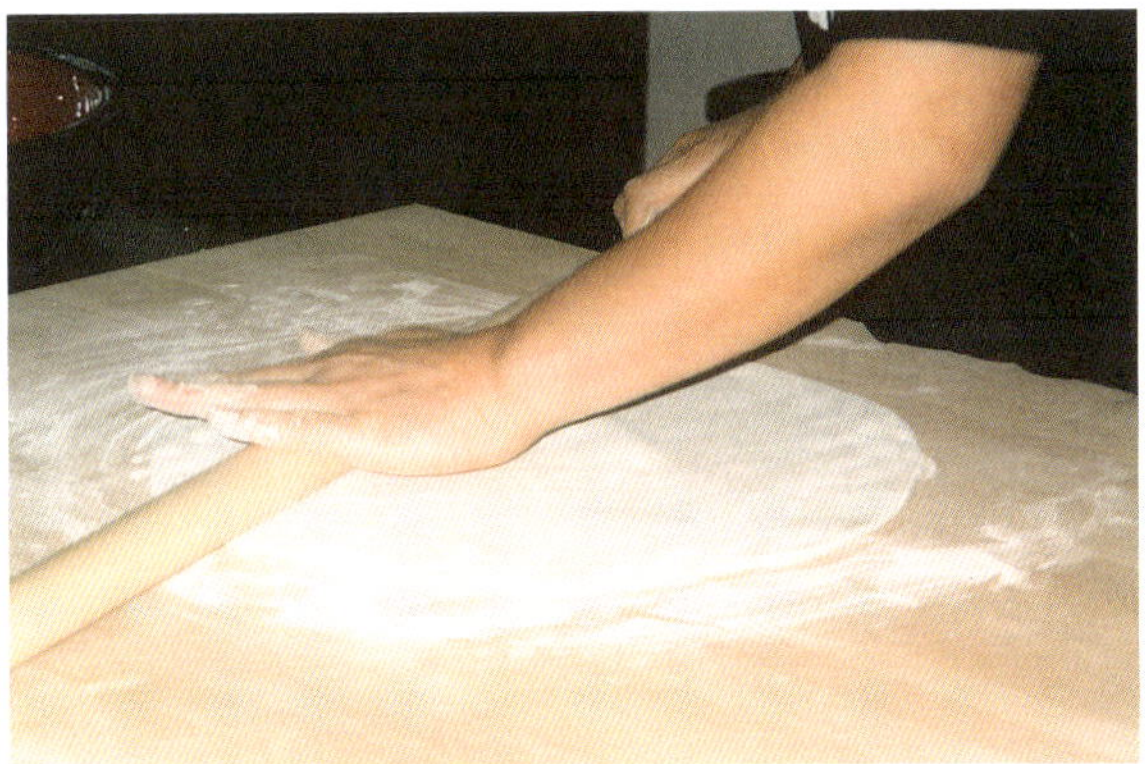

❼たたみ
打ち粉をたっぷり振りながら、二つ折りにし、また打ち粉をして四つ折りにする（包丁の大きさに合わせた幅に折る）。

❽包丁
こま板をあて、ずらしながら好みの太さに切る。切ったそばは一人前ずつ手に取り、半分に分けて、切り口に打ち粉がつくようにすると切り口がくっつかない。

❾ゆでる
たっぷりの湯を沸騰させ、打ち粉を払い落としてゆでる。竹箸でかき混ぜないで、浮き上がってきたらザルで一気にすくう（一〜二ミリ幅で約四十秒くらい）。手早く冷水にとって洗い、氷水に放って締めるとさらにおいしい。水気を切って器に盛る。

まんがのこ

宮城県は昔から全国屈指の米生産県だったが、過去に仙台藩が百姓法度で米食を禁じた。さらに明治以降も小作米の取り立てが厳しく、米不足は深刻で、日常の食事は雑穀や野菜、山菜、魚などに頼っていた。

まんがのこは、そのような状況下で工夫された一品だったようだ。しこしこした歯ごたえがあり、主食として用いられた。一般には汁物が多いが、客のもてなしなどハレ食には、小豆を煮てつぶし、砂糖と塩で味付けしたものにまんがのこを入れた。

名前の由来は、「馬鍬《まんが》」(牛馬に引かせて春田植え前の代掻きに使う道具)の格《こう》に似ていることから。栗原市の北部や登米市の一部で食べられていて、作り方には地域性がある。

馬鍬

第四章

材　料(4人分)	
そば粉	200g
水	1/2カップ
大根	150g
ニンジン	50g
ゴボウ	50g
里芋	150g
煮干し	4～5匹
A しょうゆ	大さじ4
A 酒	大さじ2
セリ	20g

作り方

❶そば粉に水を加えて(乾燥の具合で多少異なるので加減する)、手でよくこねる。まな板にのせて、めん棒で伸ばし、長さ二十《センチ》、幅四《センチ》、厚さ一《センチ》の大きさにまとめ、端から三《ミリ》ぐらいの厚さに切って打ち粉をする。

❷鍋に水五カップと煮干しを入れて火にかける。ゴボウはささがき、大根、ニンジンはせん切り、里芋は輪切りにしさっとゆでてぬめりを取る。

❸鍋にゴボウと里芋を入れて、五分ほど火を通し、大根とニンジンを入れ、七分目くらいに煮る。

❹③が沸騰しているところに重ならないように①を入れて二～三分煮て、Aで調味する。

❺セリは三《センチ》くらいの長さに切り、最後に入れる。

※煮干しを鶏肉にかえてもおいしい。

第五章

大豆

みやぎの大豆

大豆畑

大豆が日本で栽培されたのはかなり古い時代とされている。アジア原産で中国や日本に自生していたものである。

米を主食とし、魚介類と大豆を組み合わせた食の形態が、今日の日本の長寿世界一を実現させた大きな要因となっている。

宮城県では大豆は米、麦とともに主要農産物に位置付けられ、古くから各地で積極的に作付けされ、近年では北海道に次ぐ全国二位の作付面積を誇っている。作付面積七千三百ヘクタールのうち八四パーセントが転作大豆で、麦類の面積を大きく上回っている。

昔は麦の後作や田のあぜや畑の隅まで栽培されていたが、米の生産調整が実施されると、転作作物として田に栽培されるようになった。大豆の重要性が改めて認識されるようになったとはいえ、既に九〇パーセント以上を輸入大豆に依存しているのが現状。国産大豆は遺伝子組み換え大豆などとはっきり区別され、安全でおいしい高価値のものとなっている。県産大豆は全国的に有名な「ミヤギシロメ」をはじめ、「タンレイ」「コスズ」「あやこがね」が主な栽培品種だが、それぞれの特性に応じて、加工用途別に出荷されている。大豆生産第二位の宮城県には、「仙台味噌」「凍み豆腐」「納豆」など優れた大豆加工品が多く伝えられている。このほか年中行事の中にも古くから、黒豆、豆餅、豆まきなどの記録が見られ、生活に密着した大切な食材だったことがうかがえる。

最近になって、タンパク質や脂肪、ビタミン類を多く含むだけではなく、人間が生命を維持していく上で必要な酵素やホルモン、食物繊維などの含有が見直されている。

生育中の大豆

呉汁

大豆を水に浸して軟らかくし、すりつぶしたものを呉または醐《ご》と言う。呉汁は具だくさんのみそ汁に呉を加えたもので、栄養的にも優れた汁物である。

農家が自家生産した大豆は、みそや納豆、豆腐などに加工されるほか、呉汁や煮豆など肉や魚に代わるタンパク源として重要な食材だった。

呉汁は野菜類との相性がよく、栄養豊富でおいしいことから、東北地方の郷土料理にとどまらず、今では全国に広まっている。

作り方

❶大豆を一昼夜水に浸しておく。それをまな板の上で粗く刻んですり鉢に移し、少量の水を加えてよくする。

❷里芋、大根、ニンジンは同じ大きさのいちょう切り、油揚げは細切りにする。

❸鍋にだし汁と②の野菜、油揚げを入れて、軟らかく煮る。

❹軟らかく煮えたら、みそと①を入れ、火を弱めて、煮こぼれに注意しながら二～三分煮て、小口切りにしたネギを入れて火を止める。

材　料（４人分）	
大豆	1/2カップ
里芋	100g
大根	100g
ニンジン	50g
油揚げ	1枚
ネギ	1本
みそ	大さじ3
だし汁	4カップ

青大豆とワカメの酢の物

田植えは農家にとって最も忙しい時で、その期間中の食事の準備も負担が大きかった。「ゆい」という共同作業で乗り切るため、大勢の食事を一日五食分準備しなければならなかった。各地で共同炊事が盛んに行われ、あぜ道での楽しい食事風景が見られた。

定番の料理は凍み大根などの煮付け。青豆と海藻の酢の物も手軽によく作られていた。海藻は乾燥させたものを買い置きし、野菜類の少ないこの時期に重宝した。

作り方

❶大豆は洗って一昼夜水に浸けておいたものを十分ほどゆでる。

❷ワカメは洗って、水でもどしてから熱湯にくぐらせる。色が緑色に変わったら、ザルに上げ、三センチの長さに切る。

❸Aの調味料を合わせて酢じょうゆを作り、大豆とワカメを和える。

※水でもどした切り干し大根を、よく絞って加えることもある。

材　料（４人分）		
塩ワカメ		25g
青大豆		50g
A	酢	大さじ1
A	しょうゆ	大さじ２

練りみそいろいろ

バッケみそ（左は生、右は練り）

江戸時代の天明、天保年間の大飢饉のころ「みそを用いず木葉、草根を食えばその毒にあたる」との教えが広まった。このため木の葉や草の根をみそで調理し、人命が救われたという多くの記録が残っており、当時からいかにみそが重要な食料だったかがうかがえる。以後、野草や山菜などをみそとともに食べるようになり、次第になめみそ(生みそ)から練りみそに発展したのではないかと考えられ、季節ごとの香りの良い食材を用いた練りみそが今に伝えられている。

【バッケ（フキノトウ）みそ】

フキノトウは早春にフキ(葉柄)が伸びる前に出るつぼみで、県北では「バッケェ」と呼び、春を告げる味として、また、冬の体毒を消すものとして親しまれている。地面につぼみが出て花が咲くので、正体が分からないことから「お化け」「バッケ」と呼ばれたという説がある。それで「咲いた」とはいわず、「出た」というようだ。山菜の中でも特に苦味とアクが強いので、その野趣に富んだ味を生かしたみそが好まれた。

作り方

❶バッケは洗ってからさっとゆで、水にさらしてアクを抜く。水気を絞り粗く刻む。

❷すり鉢でクルミをすり、みそとバッケも入れてする。さらにAを加えてすり混ぜる。

❸鍋に②を入れて火にかけ、弱火で練る。軟らかめのうちに火を止める。

※バッケを生のまま細かく刻み、みそ、砂糖、酢を加えると一層香りが強くなる。

材　料

バッケ		100g
むきグルミ		60g
みそ		200g
A	砂糖	100g
A	酒	大さじ2

【ウニみそ】

ちょっとぜいたくだが、作りおきしておくと熱いご飯にのせたり、酒の肴にと重宝する。

材　料

ウニ	100g
酒	大さじ1
砂糖	大さじ1
みそ	大さじ1 1/2

作り方

❶ウニ、酒、砂糖を鍋に入れて静かにかき混ぜながら加熱する。

❷火が通ったらみそを加えて練り上げる。出来上がったときに、ウニが粒状に残るように仕上げるのがコツ。

【なんばんみそ】

大豆の香ばしさがあり、保存のきくおかずとして作られた。おにぎりの中に入れても、弁当のおかずとしても利用される。鉄火みそとも呼ぶ。

材　料

大豆		1/2カップ
ニンジン		50g
ゴボウ		50g
みそ		1カップ
A	砂糖	1/2カップ
A	酒	大さじ2
唐辛子		少々
油		大さじ2

作り方

❶大豆を洗ってザルに上げ、水気を拭き取る。

❷ニンジン、ゴボウは大豆と同じ大きさのさいの目切り、唐辛子は種を取り、小口切りにする。

❸フライパンに油を熱し、大豆の皮がはじける程度にゆっくり煎る。次に②の野菜を加えて、よくいためる。

❹Aの調味料を加えてよく混ぜながらいため、つやが出たら火からおろす。

【シソ巻き】

大きくなった青シソの葉にみそを包んで焼く「シソ巻き」はよく家庭で作られる。家ごとに作り方や味が多少異なる「おふくろの味」である。日常のおかずや酒の肴にも向く。

材　料

青シソの葉		20枚
みそ		1カップ
青唐辛子		1本
A	砂糖	大さじ2
A	小麦粉	大さじ2
油		少々

作り方

❶みそに刻んだ青唐辛子とAを加えて混ぜる。

❷青シソの葉を洗い、水気を拭き取り、梅干し大にした①をのせて半分に折る。

❸フライパンに油を敷き、②を並べ、弱火で両面をゆっくり焼く。

※みその中にゴマやクルミを加えることもある。

【ユズみそ】

県南地方はユズの産地で、初冬になると鈴なりに実ったユズの木々があちこちに見られる。その調理の代表的なものがユズみそである。

作り方

❶鍋にAを入れ、弱火にかけて木べらで混ぜる。とろっとして照りが出るまで練り上げて火からおろす。

❷ユズは洗って皮をすりおろし、①に入れてよく混ぜる。絞り汁も加えると一層風味がよい。

材　料

ユズ		2個
A	みそ	2カップ
A	砂糖	1カップ
A	酒	大さじ4

豆ねっけ

豆ねっけは豆ねっきゃとも言って、田植え時の小昼《こびる》として食べられた一品。また、お茶受けや子どものおやつなどにもしてきた。

もともと「ねっけ」は「そばねっけ」（そばねり、そば掻きともいう）が古く、また、くず米を粉にして使うことが多かった。鍋に湯を沸騰させ、そば粉または米粉をふるい入れて練り上げ、すくって、さまざまなたれをつけて食べた。じゅうねんみそやしょうがじょうゆ、ごまだれ、きな粉、ワサビじょうゆなどたれで味に変化をつけて、食料不足を補った。また、冬の厳しい寒さに負けない体力をつけるための工夫でもあった。

豆ねっけはその応用だろう。名前の由来は〝練る〟〝練り〟が訛ったものといわれているが、熱気の意味ともいわれている。

材　料（4人分）

青大豆	1/2カップ
水	2カップ
A 砂糖	大さじ5
A 塩	小さじ1弱
米粉	75g

作り方

❶青大豆は一昼夜水に浸し、十分にもどす。冬季はさらに長時間浸す。

❷米粉はふるいにかけておく。

❸鍋に水と①の大豆を入れて、火にかけ、大豆が煮えたらAを入れる。

❹②の鍋に米粉をふるいながら少しずつ入れてかき混ぜる。ダマにならないよう注意する。やがて硬めののり状になるが、さらに一、二分、焦がさないようにかき混ぜながら煮る。

※乾燥させて粉末にしたシソの葉を入れると香りがいい。黒ゴマも合う。

きらずいり

「きらず」は豆腐を作った時の絞りかすで「おから」の別称。外見から「うの花」とも言われている。また、やはり見た目から「雪花菜」という字があてられて「きらず」、地方によっては「きさず」などと言われ、切らなくともいいから「きらず」とも言ったという。

昔は自家製か、近くの豆腐屋ですぐに手に入れることができた。豆腐屋に行くときは大豆を持参し、豆腐と交換してもらい、そのときにきらずも一緒にもらえた。自家製豆腐は人寄せ（冠婚葬祭など人が集まること）や正月などに作ったが、きらずはびっくりするくらいの量ができる。主に冬期間に作られた。

きらずはタンパク質、ビタミン、カルシウムなど貴重な栄養をたくさん含む上に、野菜などを加えると、さらに栄養価が高く、風味豊かなおかずとなる。

他の食材との相性もよく、野菜類、魚介類、練り製品、肉類、キノコ類などを入れて作った。

第五章

材　料（10人分）

きらず	400g
ニンジン	200g
ゴボウ	200g
干しシイタケ	4枚
ネギ	1本
油	大さじ2
A 砂糖	大さじ2
A 塩	小さじ2
A しょうゆ	大さじ2
だし汁	$1\frac{1}{2}$カップ
（煮干しや魚の煮汁など）	

作り方

❶干しシイタケは水でもどしてから軸を取って細切り、ニンジンはせん切り、ゴボウは皮をこそげて小さめのささがきにし、水に浸けてアクを抜く。ネギは小口切りにする。

❷鍋に油を熱し、ネギ以外の野菜をいため、Aとだし汁を入れて煮立ってきたらきらずを入れる。

❸全体をよく混ぜながら汁気がなくなるまでいためる。最後にネギを加えて混ぜ、火を止める。

※しっとり仕上げたい時はだし汁を多めにする。

みやぎの野菜

イチゴの花ざかり（12月）

肥沃な土壌と多くの農家の努力によって、宮城県では古くから四季折々に多彩な野菜が栽培されてきた。野菜は各種のビタミン、ミネラル、食物繊維などを含み、健康維持に欠かせない食材である。

明治時代初期まではその種類は少なく、自家用栽培が中心だった。特に大根や白菜は漬け物用として、カボチャ、芋類、大根は主食を補うもの、または救荒作物として重要だった。

明治半ばころになるとさまざまな野菜が諸外国から導入され、栽培品目も多くなり、自家用中心の栽培から販売用の栽培へと変化してきた。仙台長なすや仙台白菜が普及し始めたのもこのころである。

昭和二十六年に宮城県に初めてビニールハウスが導入され、ナス、キュウリ、トマトなどの施設栽培が盛んになった。

昭和三十年以降は、食の洋風化が進み、生食野菜の需要が伸びたため、生産も増加した。形や大きさのそろった施設栽培の野菜が食卓を占める時代となり、国内生産だけでは応じきれず、海外から輸入されるようにもなった。このため旬や季節感が薄れていった。

現在、宮城県の野菜生産はイチゴ、キュウリ、ソラ豆などの生産量が全国のベストテンに入っているものの、郷土食によく利用される大根、ジャガ芋、白菜などは二十位前後にとどまっている。

今後は生産技術がさらに高度化され、安定した周年供給が進むと考えられるが、安全、安心な野菜を求める消費者の声にも十分に応えていかねばならない。

大根の収穫

ホウレン草のハウス栽培

第六章　四季の味

春の味

田植え作業（昭和30年代ころ）

豊作を願って種をまく

雪解けを待って行われるのは、田も畑も種まきの準備である。

田植えの準備には、田んぼの下ごしらえと苗づくりがある。昭和三十年ころまでは馬耕（牛、馬に付けて田起こしする道具）による掘り起こし作業で、重労働だった。

荒起こし、二番耕（切り返し）、砕土と整地と続き、さらに田に水を入れて代掻きをする。畜力利用の馬鍬（まぐわ）による荒代掻き、中代掻き、植代掻きとあり、家畜を誘導する鼻取りは女性や子どもの仕事だった。

また、昔から苗代半作といわれ、苗代の出来、不出来が作柄を左右するため、苗づくりは苦労しながら慎重に行われた。

昨今の田植えは田植え機を使って五月初旬の短期間で終わる。しかし昭和三十年ころまでは手植えだったため五月下旬から六月上旬まで約半月かけて、近所の共同作業で行われ、お祭りのようなにぎわいだった。そして、食事や小昼は各戸ごとに吟味して作るので楽しいひとときだった。子どもも手伝うために小学校では「田植え休校」があった。

畑作も野菜類の種まきで忙しい。ジャガ芋や葉もの類、キュウリ、ナス、トウモロコシなどを自給用に作付けした。

大麦、小麦は長い冬を越し、春になって麦踏み、追肥、草取りなどの管理作業があり、田植えのころには出穂して、まもなく麦秋を迎える。

かつては養蚕が盛んで、春は桑畑の手入れや春蚕の準備をした。五月中旬に掃き立て、六月二十日ころに上蔟《じょうぞく》（マユになること）ととても忙しいが、やがての収穫を期待して家族ぐるみでがんばった。

楽しい小昼のひととき（昭和30年代ころ）

ぼた餅

ぼた餅とおはぎは同じもので、春は牡丹、秋は萩と、季節の花にたとえて呼んだ。

もち米とうるち米を混ぜて炊き、すりこぎで半つきにつぶした簡便な餅である。餅をついたら隣近所に配る習わしがあったが、ぼた餅は臼でつく音を近所に聞かれる心配がなく、こっそりと食べることができたので、「隣り知らず」とも呼んだ。

彼岸の供え物には地方によって餅、赤飯、お茶ご飯、変わりご飯、だんごなどのところもあり、一定していたわけではない。彼岸にぼた餅を食べる風習は江戸時代に定着したらしい。一般的にあんに使われる小豆の赤色は古くから邪気を払うという信仰があり、先祖の供養に供することに結びついたといわれる。

その後、ぼたもちをくるむあんも、小豆だけではなく、ごま、じゅうねん、きな粉、ずんだなどその土地の産物が用いられるようになった。

材　料（4人分）

もち米	2カップ
うるち米	1カップ
水	3カップ
小豆あん（つぶしあん）	
小豆	1/2カップ
砂糖	70g
塩	少々
ごま	
いりごま（黒）	大さじ3
A［砂糖	大さじ2
A［塩	少々
ずんだ	
枝豆	1カップ
［砂糖	大さじ4 1/2
［塩	少々

ずんだおはぎ

作り方

❶米は洗って二時間くらい水に浸けておき、ザルに上げて水を切る。釜に米と分量の水を入れて炊いて、蒸らす。熱いうちにすりこぎで半つき状態につき、十二個に丸める。小豆あんやずんだで包むものは小さめに丸めると、出来上がりがごまなどと同じ大きさになり、見栄えがいい。

❷小豆あんを作る（小豆餅のあんと同じ。25ページ参照）。

❸いりごまはすり鉢で半ずりにし、Aをすり混ぜる。

❹ずんだを作る（ずんだ餅のあんと同じ。28ページ参照）。

❺小豆あんは四個に丸め、一個を手に取り平らに伸ばす。①をのせて包み、形を整える。ずんだも同様にして包む。ごまは時間が経つとベタつくので、食べる直前にまぶす。

カニこづき

モクズガニ

材　料（4人分）

川カニ	4～5匹
水	4カップ
しょうゆ	大さじ2
青味	少々
（ミツバ、ネギなど）	

カニこづきに使うカニはモクズガニで、宮城県ではカワガニと呼んでいる。はさみに長い軟毛があるのが特徴で、日本全域に生息している。このカニは、河口から海域までの広い範囲で産卵し、ふ化した幼生は脱皮、成長しながら川をさかのぼり、二～三年で成体となって川を下る。秋は身がしまっておいしいといわれるが、春に食べる地方もある。県内の河川でも昭和二十年代まではよく捕れたが、今では北上川などで細々と漁を続けるばかりとなった。

北上川での漁は、以前はタニシを稲わらのミゴに付け、川に渡した縄に吊るして餌にした。今はタコ用の網かごに餌の冷凍魚を入れて仕掛けている。また、川底の浅い小河川ではドウを仕掛けて捕った。

カニこづきはカニを小突いてつぶしたものに水を加えて漉した汁を煮ると、卵とじのようになることから「ふわふわ」とも呼ばれている。ほかに雑煮やおでん、汁物のだしにもされ、海カニにはない甘く上品な風味が何ともいえない。

作り方

❶捕ったカニは、網かごに入れて四～五日川に吊るし、泥をはかせる。
❷軟毛や毛についた泥が入らないようにするため、カニはよく洗ってハサミを除き、甲羅をはがしてミソを取り分けておく。
❸まな板にカニを並べ、包丁のみねで叩きつぶし、すり鉢に入れ、さらにすりこぎでよく突いて砕く。これに三分の一の量の水を加えて混ぜ、目の細かいザル（網代笊）で漉し、残りの水も加えながら漉す。しばらくそのまま置いて、沈殿させ、殻などが沈んでいれば除く。
❹鍋に③とカニミソを入れ、弱火で鍋底をかき混ぜながら加熱し、卵とじ状のものが浮いてきたらしょうゆで味を調え、青味を加えて火を止める。

タケノコと小女子の煮物

小女子（コウナゴ）はカルシウムやリンの含有量が多く、栄養的にも優れた食品である。春になると出回り、田植えのころに旬の山菜や野菜と煮物にした。

魚の稚魚を総称して「シラス」と呼ぶが、宮城県沿岸に多く分布するシラスは、主にカタクチイワシとイカナゴである。県内では、イカナゴの体長十センチ以下を小女子、十センチ以上をメロウドまたはヨドと呼んでいる。鮮度が落ちやすいため、多くは地元で煮干しや冷凍加工にされる。

作り方

❶ゆでタケノコはやや大きめに、食べやすい大きさに切る。

❷フキは塩を入れた熱湯でゆで、皮をむいて水にさらしてアクを抜く。これを三〜四センチの長さに切る。

❸鍋にタケノコとフキを入れ、ひたひたの水と、煮干し（頭とわたを取る）を加えて十分くらい火にかけ、だし汁を煮含ませる。

❹③にAの半量と小女子を入れて五分ぐらい煮て、残りのAを入れ、鍋を軽くゆすりながら汁気が少し残るくらいまで煮しめる。

材　料（4人分）

ゆでタケノコ		200g
フキ		150g
小女子（干したもの）		50g
水		3カップ
煮干し		5～6匹
A	しょうゆ	大さじ3
A	砂糖	小さじ2
A	酒	大さじ1

アサツキの酢みそ和え

アサツキは二月、三月の雪解けころから収穫される春一番の貴重な野菜である。辺りにまだ雪が残る中、葉先が少し芽を出したころから、掘り起こして食べることができる。

多くの農家は現在も自家用に作っているが、白石地方は古くからの特産地で、出荷もしている。

独特な歯触りと香気があり、ネギとほとんど同様の使い方で食べることができる。酢みそ和えや卵とじなどが昔からの食べ方で、うどん、そばの薬味にもいい。

材　料（4人分）

アサツキ		200g
A	みそ	大さじ$1\frac{1}{2}$
A	砂糖	大さじ1
A	酢	小さじ2

作り方

❶アサツキは細い根を取り、洗ってから熱湯で二、三分ゆで、水にとってすぐにしっかり絞り、三センチの長さに切る。

❷Aの調味料をすり鉢でよくすり合わせてから①を和える。

※酢みその中にクルミや煎ったゴマをよくすって混ぜてもよい。

みやぎの山菜

シドケ

宮城県は南北に連なった奥羽山系の山々と里山一帯が山菜の宝庫になっている。

山菜は標高や土地条件、時季などによって採れる種類が違う。春一番のフキノトウは近くの畑や土手でも見つけることができるし、里山ではタラノメ、ワラビなどが採れる。少し奥の山に入ると、コゴミやアイコなどがある。

フキノトウ（バッケ）

山菜をおいしく食べるためにはそれぞれの旬を知ることが大切なのはもちろんだが、地域それぞれの知恵もある。

①採ったら早めに処理する②ゆで過ぎない③アクを抜きすぎない④山菜特有の味と香りを生かした素朴な味付けにする——など。

ウルイ

タラッポ

中でも、山菜料理のポイントはアク抜きにある。アクの弱いものはゆでて水にさらす程度だが、強いものは木灰や重曹を使う。山菜のアクは大切な風味の一つでもあり、抜きすぎても料理の味を台無しにしてしまう。

ほとんどの山菜は、削りがつおやおろしショウガをのせて、おひたしにするとおいしい。

また、天ぷらにすると山菜のくせや苦味が和らいでおいしいのだが、昔は食用油は貴重品で、天ぷらにするようになったのは近年になってからである。

山菜のおひたし

アイコ（ミヤマイラクサ）

暗い林内の湿り気のある場所に生えている。刺毛があるので触れると痛がゆくなるが、刺毛はゆでると消えてしまう。クセがないので和え物、煮付け、汁物、漬物などにする。

作り方

葉を除いて茎だけにして洗う。塩をひとつまみ入れた湯でシャキッとゆで、水にとって冷まし、水気を絞る。これを二～三センチに切る。

シドケ（モミジガサ）

山地の湿り気のある林内に生えている。葉がモミジに似ているのでモミジガサとの名がつけられたが、宮城県内ではシドケと呼ぶ。特有の香りがある。

作り方

洗って、塩ひとつまみを入れた湯で二～三分ゆでる。水にとってさらしてアクを抜く。根元をまとめて軽く絞り、二～三センチに切る。

山菜の浅漬け

ウルイ（オオバギボウシ）

日当たりがよく、湿り気のある山地や丘陵に生えており、若い芽を摘んで食用にする。伸びたものは葉柄を食べる。他の山菜は伸びても先端は軟らかいが、ウルイの開いた葉は硬くて苦い。

特有のぬめりがあり、クセやアクが少ないので、漬物、おひたし、和え物にする。

ミズ（ウワバミソウ）

山中の日陰で湿った斜面などに群生している。五月から九月ころまでと食べられる期間が長い。六月中旬以後は皮が硬くなるのでむく。秋には節が膨らんだむかごをみそ漬けにする。クセがないので漬物、おひたし、煮付けにする。根元はぬめりがあるのでひげ根を取り、生のままたたいて、みそで調味したとろろにするとおいしい。

作り方

❶葉を取って茎だけにし、塩ひとつまみを入れた熱湯をくぐして水に取って冷ます。水気を切って三～四センチに切る。
❷山菜の重量の約三パーセントの塩をまぶし、漬かり過ぎないうちに食べる。
※ほかにアイコ、ワラビなどクセのないものが適している。

コゴミのごま和え

コゴミ（クサソテツ）は山地や川原のやぶの中などの湿地に群生している。葉先がくるくる巻いているうちに摘み取る。クセがないのでさっとゆでて、おひたしや和え物にして味わう。

材　料（4人分）

	コゴミ	200g
	黒ゴマ	大さじ3
A	しょうゆ	大さじ1 1/2
A	酒	大さじ1
A	砂糖	小さじ2

作り方

❶コゴミは洗って、塩をひとつまみ入れた湯でゆでて、素早くザルに上げて冷ます。水気を絞り、二〜三㌢に切る。

❷ごまは煎ったら熱いうちにすり鉢で半ずりにし、Aを入れてすり混ぜ、①のコゴミを入れて軽く和える。

身欠きにしんと山ウドの煮物

山野に自生しているものを山ウドと呼んで栽培されたウドと区別している。太い部分は皮をむき、酢の物にして特有のほろ苦さと香り、歯触りを味わう。柔らかい部分や葉先はゆでて、和え物やみそ煮にした。

強い香味やアクがあるが、身欠きにしんとの相性がよく、炊き合わせたり、みそ煮にすると材料の持ち味が溶け合っておいしい。

作り方

❶ウドは洗って太い部分は厚さ一㌢の斜め切りにし、細い部分は四㌢の長さに切る。

❷身欠きにしんは四つ切りにし、ひたひたの水とAを入れて中火で二十分くらい煮る。ウドを加え、鍋を時々静かに動かしながらさらに十分くらい煮て、味を全体になじませる。

材　料（4人分）

	山ウド	300g
	身欠きにしん（軟）	2本
A	しょうゆ	大さじ3
A	酒	大さじ2
	水	約1/2カップ

第六章

クワダイのからし和え

クワダイ（イヌドウナ）は低い山地から高い山までの林や谷間の湿った場所に群生している。

少しクセのある香りがあるが、ゆでておひたしや和え物にするのが一般的。みそ和えやみそ煮などみそとの相性もよい。

材　料（4人分）

	クワダイ	300g
A	しょうゆ	大さじ1 1/2
A	からし	小さじ1

作り方

❶クワダイは洗って塩ひとつまみを入れた湯で二〜三分ゆで、水にさらしてアクを抜く。これを絞って二〜三㌢に切る。

❷Aを混ぜ合わせたからしじょうゆで和える。

きゃらぶき

山ブキは平地から山地までどこにでも生えている。早春にフキノトウを楽しみ、五月ころから山ブキを食べる。香りとアクが強く、繊維もしっかりしているので、佃煮や塩蔵して漬物にする。また、栽培したフキと同じように煮物にしたり、みそ汁に入れると香りがいい。栽培は古くからされており、屋敷の周囲に植えている農家が多い。気仙沼地方ではフキの葉に包んだ大きなおにぎりを田植えの時に配った。

山ブキ

材　料（４人分）

山ブキ		1kg
A	ザラメ	150〜180g
A	しょうゆ	3/4〜1カップ
A	酒	1カップ
水		適宜
唐辛子		2本

作り方

❶フキは皮をつけたままよく洗って三〜四㌢の長さに切り、一〜二時間水に浸けてアクを抜く。ザルに上げて水気を切り、たっぷりの湯で十分くらいゆでて、水切りしておく。

❷フキがかぶるくらいの水とAの三分の一を鍋に入れて、アクをすくいながら三十分くらい煮る。さらに三分の一の調味料と種を除いた唐辛子を入れ、中火で一時間くらい煮て一晩おく。

❸翌日、残りの調味料を入れる。この時に味をみて、好みの味加減に調整しながら煮る。中火から弱火にして三十分くらい煮て、冷ます、煮るを二、三回繰り返し、汁がなくなるまで煮つめて仕上げる。

※強火のまま短時間で煮ると細く針金状になって硬くなるので、ゆっくり時間をかけて煮る。逆に煮すぎてもペタペタになって歯応えがなくなるので好みの煮加減を心掛ける。

タラッポの酢みそ和え

タラッポ（タラノキの若芽）は誰でも知っている山菜の一つ。日のよく当たる里山で見かけることが多い。若芽を摘んでおひたしや和え物、みそ汁にして食べた。クルミやじゅうねん、ごま和えは特別な日のごちそうだった。

作り方

❶沸騰した湯に塩を少々入れ、その中にタラッポを根元から入れ、全体を二〜三分ゆでる。ザルに広げて冷まし、二〜三㌢に切る。

❷すり鉢でみそをすり、Aを加えて酢みそを作る。

❸①のタラッポをすり鉢に入れて、②で和える。

材　料（４人分）

タラッポ		300g
みそ		大さじ3
A	砂糖	大さじ1
A	酢	大さじ1 1/2

ゼンマイの煮付け

ゼンマイは林の中や原野などの湿った場所に生えており、葉が巻いているうちに採る。

アクが強いので乾燥させて、もどして調理する。もどすと六〜七倍の量になる。生で食べる場合は、ワラビと同じ方法でアクを抜く。もどしたゼンマイは煮付け、和え物にする。クルミ和えや白和えは上等なごちそうだった。

作り方

❶干しゼンマイは鍋に水から入れて火にかけ、煮立ってきたら上下返して五〜六分煮て、煮汁に入れたまま一晩置く。ふっくらともどったら水洗いし、さらに水を二、三回取り替えてアクを抜く。根の固い部分を切り落とし、三〜四㌢に切る。

❷こんにゃくは細い短冊切りにして、ゆがいてアク抜きしておく。油揚げは熱湯をかけて油抜きし、こんにゃくと同じ大きさに切る。

❸鍋に油を熱し、①②をよくいため、Aを加えていり煮にする。

材　料（４人分）

干しゼンマイ		30g
こんにゃく		150g
油揚げ(大)		1枚
油		大さじ1
A	しょうゆ	大さじ2
A	砂糖	小さじ1 1/2
A	だし汁	1カップ

干しゼンマイ

ワラビのアク抜き

ワラビは日当たりのよい山野でよく見かける誰にでもなじみのある山菜。クセが少なく、特有のぬめりと適度に歯応えのある食感でおひたし、和え物、煮物、汁物、漬物と幅広い食べ方が楽しめる。しかし、とてもアクが強く、食べるにはアク抜きしなければならないので多少面倒でもある。

アクの抜き方を紹介しよう。アクの抜き加減は好みだが、ほろ苦さも春の味。少々残しておきたい。

アク抜きをしたワラビ

◆少量の場合

❶ワラビは根元の固い部分を切り落とし、手袋をつけて穂先をもんで落とす。ごく少量ならアク抜きの後で除いてもよい。

❷容器にワラビを入れ、ワラビの重量の八～一〇パーセントの木灰を振りかける。

❸ワラビが隠れるくらいの熱湯を注ぎ入れ、ムラができないよう上下かき混ぜ、浮き上がらないように、押しぶたと軽い重石を乗せて一晩くらい置く。

❹かじってみてアクが抜けていたら、よく水洗いする。

◆多量の場合

量が一キログラム以上になると、注いだ熱湯の温度が下がりにくいため、アクが抜け切らないうちに軟らかくなって歯触りが悪くなる。そこで長時間高温の木灰汁に浸けておかないようにすると、色、歯触りがよい。

❶ワラビは下処理（前項①の処理）をしたら小束にする。

❷釜に湯を沸かしワラビを熱湯にくぐしてから分量の木灰をまぶす。

❸ワラビがすべて入る大きさの容器に②を入れ、かぶるくらいの水を入れて、半日から一晩くらいおく。アクが抜けたらよく水洗いする。

※木灰がない時は、ワラビ一キログラムに対し重曹小さじ一杯を、煮立てた湯に溶かして、ワラビに注ぐ。

アク抜き前のワラビと木灰

夏の味

繭の選別出荷作業

成長する作物との闘い

田植えが終わり、馬鍬《まんが》洗いの祝いも済むと、六月中旬から大麦、小麦の刈り取りが行われた。刈り取った麦は、はせや棒掛けにして乾燥させたが、梅雨の悪天候に悩まされた。また蒸し暑い中での脱穀作業時には、汗まみれの体に麦の芒（ノギ、ノゲ）が刺さった。

麦の間にまいておいた大豆は、麦の刈り取り後に除草し、土寄せした。

真夏の農作業はどれも難儀なものだった。中でも出穂直前まで三回から五回も行った田んぼの草取りは、炎天下、四つんばいになっての最もつらい作業だった。

畑作業は八月上旬ころから秋冬野菜の種まきが始まり、大根、白菜、ユリ菜、カブ、ソバなどをまいた。また、養蚕農家では七月上旬から晩秋蚕、晩々秋蚕の掃き立てに追われた。養蚕は多くの労働力を必要とし、子供や近所の人々も駆り出された。

農業機械が普及する以前の農耕は人力と牛馬の力だけが頼りだった。その大切な牛や馬の冬場の餌づくりも夏の大切な仕事だった。山や牧野、農道、あぜ道、河川敷などを「朝草刈り」と称して刈り、干し草にして冬に備えた。

作物が盛んに生育する夏は、次から次へと農作業に追いまくられ、農家泣かせの季節だった。

ごまだれうーめん

白石地方の特産品になっているうーめんは、四百年以上の歴史があり、お盆には必ずうーめんを食べるという食習慣が県南各地に残されている。地元の白石には先人の知恵を生かしたうーめん料理がいろいろ伝えられている。

長さ八センチと短くて食べやすいので、ゆでて水気を切り、ごまだれやポン酢につけて食べるといったような簡単なものが多い。

中でも自家生産の黒ゴマを煎って、すり鉢ですったものをつけだれとして食べる「ゴマだれうーめん」は特に好まれている。

黒ゴマは昭和三十年ころまでは、農家が自家生産しており、煎って、する手間を惜しまず、餅やおはぎ、だんごなどのほか、野菜の和え物などに広く使われてきた。

材　料（4人分）

うーめん	4把
黒ゴマ	1/2カップ
砂糖	大さじ4
A みそ	大さじ2
A しょうゆ	大さじ1
A 酢	大さじ 1
だし汁	1/2カップ

作り方

❶鍋にたっぷりの湯を沸かし、うーめんをぱらぱらとほぐし入れ、三、四分ゆでる。ゆで上がったらザルに取り、冷水で洗い、水切りする。

❷ゴマは煎って、すり鉢で砂糖とともに根気よくする。そこにAを加えてさらにすり、だし汁を加えて伸ばす。

❸うーめんを器に盛り、ごまだれは別の小鉢などに入れて添え、つけて食べる。

おくずかけ

第六章

仙台市から県南部を中心に、春秋の彼岸やお盆の代表的な精進料理として「おくずかけ」が伝えられている。

　おくずかけは数種類の野菜や、豆腐、油揚げ、豆麩などをシイタケのもどし汁をだしとして煮込み、うーめんを加えて、その名の通りくずあんでとろみをつけた、具だくさんの汁物である。

　古くから禅宗に伝わる普茶料理の「雲片」に似せて、季節ごとの野菜の持ち味を生かし、無駄なく使うという特徴がある。彼岸やお盆には、餅や五目めしなどが作られるので、それにおくずかけを組み合わせると、それだけで十分に食膳を満たすことができた。

　遠田地方には、使う材料と作り方がよく似た「スッポコ」という精進料理が、明治以前から伝えられている。これも寺を通して伝えられた普茶料理の一種「卓袱《しっぽく》」に由来しているのではないかといわれている。

　おくずかけが年中行事の時の家庭料理であるのに対して、「スッポコ」は葬式や法事の本膳の後に、裏方をしてくれた人たちを慰労するために作られる料理とされている。汁物というよりは「角《かく》」に盛られるあんかけ料理で、最後にうーめんか乾めんをゆでて加えるところは同じ。

　桃生地方には「のっぺい汁」があり、これも材料や作り方が同じで、野菜とめんのくずあんかけ汁。ただし、こちらは行事や仏事に関係なく日常の食事や夜なべ仕事をした時の夜食として大正時代ころから伝えられている。野菜類を一度油でいためる方法もあるようだが、それはずっと後年になってからのことである。

　かつては山野に自生するクズの根から採ったくず粉が使われたが、現在は白石市近辺の一部でわずかに生産されているにすぎない。

スッポコ

ほろぎばっと

気仙沼市唐桑町のお盆の供え物で、小麦粉で作る幅広の切り麦風の食べ物。岩手県南部に伝わる「切りばっと」、栗原市栗駒の「まんがのこ」は同類で、切り麦の前身といわれている。
　現在、切りばっとは小麦粉とそば粉を混合、まんがのこはそば粉のみ、ほろぎばっとは小麦粉のみに変わってきている。「ほろぎ」は「ほろく」「ゆるがす」の意味で、きな粉をまぶす時に「み」に入れて揺らしたために、この名が付いた。

材　料（5人分）

里芋	100g
ニンジン	50g
ゴボウ	40g
ササギ	10本
油揚げ	1枚
シイタケ	5枚
糸こんにゃく	1/2把
豆腐	1/2丁
豆麩	適宜
うーめん	1~2把
A しょうゆ	大さじ2
A 塩	小さじ1
水溶き片栗粉	
片栗粉	大さじ1
水	大さじ2
だし汁	4カップ

ほかに油麩、ナス、ミョウガなどを入れてもよい

作り方

❶うーめんはゆでておく。
❷里芋はいちょう切り、ニンジン・ゴボウもいちょう切り。ササギは三等分ぐらいに折る。豆腐と油揚げはさいの目切り、シイタケは水でもどしてから細く切る。糸こんにゃくはゆでて五センチの長さに切る。豆麩は水でもどして絞っておく。
❸だし汁を鍋に入れ、野菜を加えて軟らかく煮る。油揚げ、豆腐、糸こんにゃくを加えてAで調味する。吸い物よりもやや濃いめに作る。
❹③に①のうーめんと水溶き片栗粉を加えて、とろみがついたら火を止める。

ごまほろぎばっと

材　料（4人分）

小麦粉	240g
水	120cc
きな粉	1カップ
A 砂糖	100g
A 塩	小さじ1弱

作り方

❶小麦粉に水を加え、耳たぶくらいの硬さまでよくこね、濡れぶきんで包み、二時間くらい寝かせる。
❷①を三～四ミリの厚さにめん棒で薄く伸ばし、幅三センチ、長さ六～七センチに切る。
❸鍋に湯を沸かして②を入れ、浮き上がったら水にさっと通して荒熱をとり、水を切る。
❹きな粉にAを入れて好みの味に調えて③にからめる。
※きな粉のほかにゴマやずんだ、あんこ、または多種類の野菜を入れた汁物もある。

おぼろ汁

江戸時代の末期ごろ、関西の寺から涌谷町の寺に住職としてやってきた坊さんが、おぼろ豆腐の作り方と、おぼろ汁としての食べ方を、親しい豆腐屋に伝えたと言われる。おぼろ汁は朧月夜のようにかすみ、ふんわりと浮いている豆腐の姿から名付けられたといわれる。

豆腐の水分は「木綿」「ザル」「絹ごし」の順に多くなるが、おぼろ豆腐は最も水分の多い、軟らかい豆腐である。普通の豆腐よりも水分を多くして、凝固剤で固まってきたものを汲み取る。定まった形がなく、滑らかな口当たりと、水にさらさないので風味がよいのが特徴。この食感と風味を出すために、長い間、加工方法や凝固剤の配合に工夫が重ねられてきた。

おぼろ汁は春秋の彼岸やお盆に仏前に供える涌谷町の精進料理。今でも同町では正月の十六日、春秋の彼岸、お盆には欠かせない行事食として親しまれている。これらの日の朝には作りたてのおぼろ豆腐を買うため、夜明け前から豆腐屋の前に行列ができる。店頭では湯気の立ち上る寄せ桶から、出来たての豆腐を小鍋などにすくってもらう。

出来たてのおぼろ豆腐をすくう

材　料（4人分）	
おぼろ豆腐	250g
干しシイタケ	2〜3枚
だし汁	5カップ
（干しシイタケのもどし汁）	
A しょうゆ	大さじ3
A 酒	大さじ2
水溶き片栗粉	
片栗粉	小さじ2
水	大さじ1
ショウガの絞り汁	小さじ1
ミョウガ	1個

作り方

❶干しシイタケをさっと洗い、水に浸してゆっくりもどし、せん切りにする。

❷鍋にだし汁と①を入れて煮立て、Aで調味し、水溶き片栗粉を入れて、とろみをつける。鍋底が焦げ付かないように注意しながら、二～三分しっかり加熱し、ショウガの絞り汁を加えて火を止める。

❸おぼろ豆腐を網じゃくしで静かにすくいながら汁に入れる。この時に豆腐をかき混ぜると、ニガリが出て味を悪くするので注意する。

❹ミョウガは薄く切って水にさらし、盛りつけた上にあしらう。香りや味の強いネギやおろしショウガをあしらうのは避ける。

ミョウガの葉やき

ミョウガの葉が大きく繁る季節、農作業の休憩時に、子どもたちのおやつとして人気があったのがミョウガの葉やき。お盆の十三日の晩に作って仏様に供える風習も各地に残っている。

ミョウガは、夏から秋にかけて収穫し、うどんやそばの薬味、またキュウリやナスなどとともに浅漬けなどに使われ、珍重されている。葉は筋が多く硬いのであまり利用されないが、葉やきは、菓子類をあまり食べることができなかった時代には重宝された。みその風味と葉の香りが調和して香ばしい。

その1の材料（12個分）	
小麦粉	2カップ
砂糖	大さじ2
みそ	大さじ2
水	1カップ
ミョウガの葉	12枚

その2の材料（12個分）	
もち米粉	1カップ
うるち米粉	1カップ
黒砂糖	大さじ3
みそ	大さじ2
水	1カップ
ミョウガの葉	12枚

その1の材料は小麦粉で作る場合、その2の材料は米の粉で作る場合の例。

作り方

❶材料その1、その2のどちらもまず容器に粉と砂糖を入れてよく混ぜる。水とみそを加えてさらによく混ぜ、葉に包みやすい硬さにする。

❷ミョウガの葉を広げ、その上に①を梅干しくらいの大きさにのせて、二つ折りにして少量の油を引いたフライパンで両面を十分に焼く。

※昔は渡し金の上に並べて囲炉裏の火で焼いた。

こくしょう

練り物と季節野菜の煮たものを盛り合わせて、しょうゆあんをかけた精進料理。県内では遠田地方を中心とした県北で「こくしょう」、仙台近辺では「おこくしょ」と呼ばれる。

こくしょうとは濃醤汁または濃汁のことではないかといわれる。宮城県だけではなく、全国的にも「こくしょう」と呼ばれる精進料理がある。これらはもともと葬式や法事の本膳料理の「角」に盛られるものである。

農村には「講」とか「契約」と言われる組織があって、互いに助け合って大きな行事をこなすのが習わしだった。その代表的なものが葬式で、本膳の料理は材料を持ち寄り、手作りされた。葬式の料理は地域ごとにだいたい決まっていて「こくしょう」もその中の一つ。地域にとっては大切な料理とされた。

作り方

❶むきグルミはすり鉢でよくすり、Aを加えてさらにすり混ぜる。

❷①を鍋に入れて中火にかけ、木べらでかき混ぜながら、五分くらい火を通す。固まってきたら火を弱め、さらに四十分くらい焦げないように気をつけながらかき混ぜる。

❸へらでかき混ぜたときに鍋底が見えるようになったら、水で濡らした流し缶に移し、上を平らにならして、濡れぶきんをかぶせ、冷やし固める。くるみ豆腐の出来上がり。

材　料（5人分）	
むきグルミ	1/2カップ
A くず粉	1/2カップ
A 水	3カップ
A 砂糖	大さじ2
干しシイタケ	5枚
ゆでタケノコ	150g
ニンジン	50g
サヤエンドウ	少々
（またはサヤインゲン）	
くずあん	
B 片栗粉	大さじ1
B だし汁	1カップ
B しょうゆ	大さじ2 1/2
B 砂糖	大さじ2
おろしショウガ	少々

❹乾しシイタケは水でもどして軸を取り、もどし汁、砂糖、しょうゆで煮る。
❺ゆでタケノコは薄切りにして、シイタケと同様に味付けして煮る。
❻ニンジンは乱切りにしてだし汁、砂糖、塩で味付けして煮る。
❼サヤエンドウは熱湯で色よくゆでる。
❽Bの材料を合わせて火にかけ、あんを作る。
❾「角」の皿にくるみ豆腐と④～⑦の野菜を盛り合わせ、⑧のあんをかけ、おろしショウガをのせる。

ナスのずんだ和え

夏野菜の代表格・ナスは油やみその相性もよく、煮たり、焼いたり、いためたりといろいろな味わい方ができる。

また、大きな漬桶（コガ）から取り出したばかりのナス漬けはいくらでも飽きずに食べられる。

枝豆をすりつぶしたずんだともよく合う。ナスのずんだ和えは早生種の枝豆が出回るお盆のころから、秋の彼岸ころまで食べられる。

一手間かけたおよごし（和え物）にしてお盆棚に供え、来客へのごちそうにもした。

作り方

❶ナスはへたを切り落としてゆで、指で押して軟らかくなったら、ザルに上げ、水気を切る。少し冷めたら手で縦に裂き、Aを振りかけて下味をつけておく。
❷枝豆は湯に一つまみの塩を入れてゆで、ザルに広げてさます。さやから豆をはじき出し、薄皮をむいてまな板で粗く刻み、すり鉢で粗めにすりつぶしてBで調味する。
❸①のナスの水気を軽く絞り、すり鉢に入れて②のずんだで和える。

材料（4人分）	
ナス	4個
A しょうゆ	大さじ1
A 酒	大さじ1
枝豆（さやから出したもの）	1カップ
B 砂糖	大さじ1
B 塩	少々

仙台長なす漬け

仙台長なす

仙台長なすは伊達政宗の時代に栽培が始まったと伝えられる。明治時代初期に、伊達家が農業振興を目的に設立した「養種園」の記録では「明治時代、漬けもの用としてすでに優良種子の供給が行われ、早くも産地化が進んでいた」とある。他の地方に移植するとたちまち形が変わってしまったともいわれ、当時は仙台近郊だけで長なすが栽培された。

仙台長なすの特徴は、へたが小さくて、小さい刺が少しある。紫紺色が鮮やかで、七～十㌢の長さの時に若もぎするとより軟らかく、歯触りがよいので、漬けなすとしてはこの上ない。切らずに食卓に出せる当座漬けの逸品として夏の食膳には欠かせない。

近年、伝統野菜の生産が下降線をたどり、長なす漬けも珍しい存在になったが、一部の農家では栽培が続けられ、美しい漬物が復活しつつある。

材　料（4人分）

長なす	1kg
塩	30g
焼きみょうばん	大さじ1
水	
古くぎ（さびたもの）	5～6本

作り方

❶ナスはへたをつけたまま洗い、水気を切っておく。

❷大きめの容器に塩と焼きみょうばんを入れてよく混ぜ、これにナスを入れる。容器の縁を両手で持って返しながら、ナスにしっかり塩をまぶす。

❸漬物用の容器に②のナスを入れ、②の容器に残った塩とひたひたの水を加え、押しぶた、重石を載せる。さらに色をよくするため、布袋に入れた古くぎも入れる。

※ナスは朝にもいだらすぐに漬け込み、五～六時間後にショウガじょうゆなどを少したらして食べるのが最高とされる。

※二回目からはこの漬け汁を煮立てて冷ましたものを使うと、さらに色の良い漬け物になる。

みやぎの伝統野菜

大量生産、大量消費の野菜に対して、限定された地域で古くから受け継がれ、自然のリズムに合わせて生産され、旬の時期にしか出回らない野菜がある。これを伝統野菜といって、宮城県にはわかっているものだけで三十以上ある。近年、この伝統野菜が見直され、地域おこし、地域の園芸振興、特産品づくりの材料として使われている。いくつかの伝統野菜を紹介しよう。

松島白菜

明治時代に中国の華北から種子を導入し、松島白菜を育成。その後いろいろ改良され、東京、横浜などに出荷されていた。関東では「仙台白菜」の名で知られ、柔らかく漬物にすると大変おいしい。

松島白菜

仙台芭蕉菜

漬け菜で葉が大きく、栽培方法によっては八十センチ以上になる。辛味がないのが特長。白菜が普及する前は、冬期の囲い野菜の筆頭だった。

仙台芭蕉菜

仙台曲がりねぎ

白い部分が曲がったネギ。真っ直ぐなものより柔らかく、甘味があるのが特長。仙台市宮城野区岩切余目地区が発祥の地。県の特産野菜として評価されている。

仙台曲がりねぎ

仙台長なす

藩祖・伊達政宗が朝鮮に出陣した際、藩士の一人が博多から原種を持ち帰り、この地に適するように改良した。有名になったのは明治中期以降。若もぎして漬けた仙台長なす漬がよく知られ、煮物、天ぷら、田楽にも使われる。

小瀬菜大根

加美町小瀬地区で栽培されている。栽培が始まったのは江戸末期と明治時代の二説がある。この大根は肥大せず、葉や茎を食べる。漬け物に最も適し、汁の具、おひたし、煮物などにもよい。白菜が普及する前は冬期の保存野菜だった。

小瀬菜大根

鬼首菜

大崎市鳴子町鬼首で「地菜っこ」と呼ばれ、大正時代から栽培していた。この地でしか栽培できないとの説があり、独特の風味がある。大きく紫菜系と緑菜系の二系統に分けられ、草丈は四十～五十センチ、葉と茎に辛味と甘味がある。菜、茎根部すべてを湯通しして漬物にする。

このほか、伊場野芋（里芋）、仙台雪菜、仙台ほうれん草、里芋の白石在来、セリの名取系、飯野川系などがある。

仙台雪菜

ホヤの酢の物

ホヤは、古くは平安初期から食べられていたとの記録があり、種類も多いが宮城県産はマボヤ。六月から八月が旬で、グリコーゲンの含有量が冬季の八倍にもなり、甘味と旨味が増す。

養殖生産は、明治三十八年ころ、当時の本吉郡唐桑村の畠山豊八氏によって手掛けられた。その後養殖技術の改良を重ねて、昭和初期から養殖業として成り立つようになった。

養殖ホヤは、採苗してから三年目（三年コ）から四年目（四年コ）のものを五月から八月にかけて出荷する。円形のものが肉も厚く身が充実している。

新鮮なものほど独特な香気とわずかな苦味がある。食べ慣れない人にはとっつきにくいが、いったん好きになるとやみつきになる。風味はホヤ特有の不飽和アルコールやアミノ酸類などによるもので、食べた後に水を飲むと口中に甘くさわやかな味が広がる。この食べた後の水があまりにおいしいので、水を土産にしたいといった人がいたという笑話もある。

浜の人たちによると「殻が薄く、身が厚く、色が鮮やかな天然ホヤを海水で洗い、丸ごと食べるのが最高」だとか。

材　料（4人分）

ホヤ		4個
キュウリ		1本
二杯酢		
A	酢	大さじ1
A	しょうゆ	大さじ1
A	塩	少々
ミョウガ		3個

作り方

❶ホヤは殻から身を取り出し（15ページ作り方参照）、内臓を除いて塩水で洗う（殻をむいた時に出た汁を漉して、塩水に混ぜて洗うと変色しない）。これを短冊切りなど好みの大きさに切る。

❷キュウリは薄く小口切りにし、軽く塩をして水気を切る。ミョウガはせん切りにして、水にさらして水気を切る。

❸器に①②を盛り、二杯酢をかける。

ホヤの加工

ホヤは古くから生鮮食品として殻付きホヤやむきホヤで流通し、加工して食べることは少なかった。

◆塩辛　藩政時代に「ホヤの切り込み」が作られ、塩だけではなく、塩糀《こうじ》も入れていたようだが、一般的には一塩して、すぐに食べるものだった。

◆しそ巻き　下処理したホヤとナス、キュウリなどの夏野菜を拍子切りにして、塩をまぶして下漬けしたものを、青ジソの葉できっちり巻く。これを容器に並べて塩を振って漬ける。

マンボウの酢みそ和え

マンボウは世界の温帯から熱帯海域を回遊しており、初夏になると暖流に乗って北上し、三陸沿岸にもやってくる。

気仙沼市や本吉郡では定置網に掛かったり、突きん棒漁船などで漁獲され、夏の味覚として親しまれている。

全長三～四㍍にもなる巨大な魚で、尾びれがなく、体の後ろ半分が切り取られたような、独特な形をしている。肉には白身と赤身があり、一般的には白身を食べる。身は軟らかく水分が多い。味は淡白で身を裂いて食べることから、地元では裂きザメとも呼んでいる。

生を酢みそで食べるのが一番だが、さっとゆでて和え物にもする。腸に塩、こしょうして焼いたり、肝臓は肝和えにして食べるとまさに珍味である。漁師は舟上で生のまま肝和えにした。また、肝臓を容器に入れて腐らせ、何年も放置しておいて、紅茶色になった上澄み液を胃薬や肌荒れなどの薬にした。

作り方

❶マンボウは身を小指ぐらいの大きさに手で裂いて、塩を少々振って軽くもみ、流水で洗って水気を切る。

❷すり鉢にAを入れ、よくすって酢みそを作る。

❸器に①を盛り、酢みそをかける。

材料（4人分）

マンボウ		350g
A	みそ	大さじ3
	酒	大さじ1
	からし	小さじ1
	酢	大さじ 1～1 1/2

マンボウのとも和え

マンボウのとも和えを漁師は「肝煎り」と呼んでいた。つぶした肝を鍋に入れて弱火で煎り、しみ出た油を捨てて調理していたからだろう。

作り方

❶マンボウは身を小指くらいの大きさに手で裂いて、塩一つまみを入れた熱湯でさっとゆでる。半生やゆで過ぎて硬くならないように注意する。

❷肝を鍋に入れて火にかけ、木べらでつぶしながら、焦げないように煎り煮する。中火で五～十分煮て、Aを加えてよく混ぜて火を止める。

❸①が冷めたら②の肝で和える。

材料（4人分）

マンボウ		600g
肝（肝臓）		600g
A	みそ	大さじ2
	しょうゆ	大さじ2
	酒	大さじ1

秋の味

秋の風物詩・棒掛け

収穫の喜び、冬囲い

夏の過酷な労働を経て、水田が黄金色に変わってくると、農家では実りの秋、農作物の収穫期を迎える。

農家では常に不作、凶作の不安があり、大変難渋した。それだけに豊作を願う気持ちは格別だった。

稲は古代には石器で「穂摘み」されたといわれるが、鎌が発明されてから昭和四十年代に機械化されるまでの長い間、一株一株が鎌で手刈りされていた。刈り取られた稲は、束立て、棒掛け、はせ掛けなどで乾燥させる。田園地帯に並ぶ稲の乾燥風景は美しい秋の風物詩だった。

乾燥の後は、牛や馬の力を借りて稲上げし、家の近くに運ばれ、ニオ積みされた後、稲こき、脱穀と作業は正月近くまで続く。

稲の収穫の合間には大豆や小豆の収穫作業のほか、大根、白菜など野菜類の収穫もある。さらに果樹地帯は、ナシやリンゴの収穫、箱詰め、また、天秤棒で担いで売り歩くという仕事もある。

冬に向かって、人の食料と家畜の飼料の確保という重要な仕事もある。里芋のカラトリ作り、柿の皮むきと乾燥、漬物用の大根干し、そして大量の漬物作りなど、冬が来る前に終わらせたい仕事は山ほどある。年寄りも子供も家族総出の秋の農繁期である。

大豆の後にまいた麦の芽が出そろうころ小雪が舞い、切り株だけになった水田には薄氷が張り、冬が到来する。

漬物用の大根干し

白菜漬け

日本で白菜が栽培されるようになったのは明治時代で、比較的新しい野菜。宮城県では日清・日露戦争凱旋《がいせん》の際に中国から種子を持ち帰ってから栽培が始まった。

松島白菜は、仙台伊達家養種園の沼倉吉兵衛氏によって大正四年に品種改良が行われ、同氏によって「松島白菜」の端緒が開かれた。

それに続いて渡辺穎二氏が大正十一年に渡辺採種場を創設した。戦前戦後を通して新品種の育成は民間の力によるところが大きく、特に渡辺採種場が育種した数々の新品種は「松島結球白菜」として全国的な普及に大きく貢献、高い評価を得てきた。

結球白菜の生産が県内で急速に普及したのは県内を流れる三本の大河川沿いに栽培適地があったことである。これらは「仙台白菜」の銘柄で主として京浜市場に出荷されたが、最盛期には貨車で五千両に達し、白菜生産日本一となった。さらに全国的にも人気を呼んだのは、北から南まで播種期をずらせばどこでも栽培できたからだ。栽培しやすくおいしいという評判はたちまち広がった。

当時、白菜の需要はほとんどが漬物用だった。仙台白菜のおいしさは、組織が硬すぎず、アミノ酸（旨味）が多いので漬物を作る上で、大切な①漬かりやすい②適度の柔らかさと歯応えがある③漬け込むほどに味がよくなり、おいしさが長持ちする—という三条件を備えていたからである。白菜は霜が降りる十一月中旬ころ最もおいしくなる。

かつて、冬場は漬物が何よりのおかずだったので、冬に備えての漬物作りは主婦にとって骨の折れる仕事だった。家族の多い農家ではたくあん漬け、白菜漬け、ヘラ菜漬け、大根の茎漬けをそれぞれ四斗樽に漬け、田植え過ぎまで食べていた。

白菜は漬けるとカサが減るので、大量に漬け込んだあと、カサが減ったら漬け足したり、別桶に下漬けしてから本漬けにした。途中、変質しないように二、三回漬け替えしたため、春になると筋っぽくなった。

作り方

❶白菜は収穫後しばらくおいて、しんなりしたら洗って、株元に切り目を入れ、手で二つに割る。

❷桶に白菜の切り口を上にしてすき間なくきっちり並べて入れる。根元に多めに塩を振り、唐辛子も入れて、これを繰り返し、重石を載せ、一～二日漬ける。

❸カサが減ったら、上に同じように漬け足していき、桶の縁の高さになったら、押しぶたと重石をする。漬け汁が上がったら、重石を軽くする。

材料	
白菜	10kg
塩（5～6％）	500～600g
唐辛子	5～6本

みやぎのキノコ

山の頂上付近の木々が色づき始めるころになると、いよいよ秋のキノコシーズンがやってくる。キノコは山の幸を味わうだけでなく、採るのを楽しみにしている人も多い。

キノコの種類は多く、食べられるものだけでも、約三百種あるといわれる。よく知られているものに、マツタケ、マイタケ、ナメコ、シメジ類などがあるが、地元の人たちは奥山の木に生えているものを上等として扱っている。そして一般には知られていないキノコのことを総称して「雑キノコ」「モダシ（ツ）」と呼び、その土地でしか分からない名前のキノコもある。モダシは里山でも採れるので、塩漬けにして一年中食べられている。

キノコのおいしさは特有の味と香り、食感にある。旨味成分や食物繊維を含み、免疫機能を強める物質や、コレステロールを低下させる物質などが含まれていることが分かり、健康食品としても注目されている。

地元の人たちのキノコ料理は、材料の取り合わせや味付けが素朴で、キノコ特有の持ち味を生かしたものが多い。それを一箸口にすると、ジワッとしたおいしさが口の中に広がり、自然の恵みに感謝したくなる。

種類にもよるが、キノコは採ってきたら「虫出し」をする。普通は唐辛子を入れた水に浸けておくが、七ヶ宿町辺りでは炉の上に吊るしていぶし、その熱で虫出しをしたという。

一般に味と香りのよいものはすまし汁やご飯もの、ぬめりの強いものは具だくさんのみそ汁や大根おろし和えにする。あまりくせのないものはおひたし、いため物、煮物、和え物、汁物などいずれにも適する。

また、味と香りのよいものは生のまま調理する。その他はさっとゆでて目かごに入れて振り洗いしてゴミを除く。天然キノコは何種類もの食材を取り合わせたり、香味野菜を使いすぎたりすると、本来の風味を損ねる。調味料もみそ、しょうゆ、酒、酢などですっきり仕上げる方が味わい深い。

マツタケ

イノハナ

ナメコのおろし和え

作り方

❶ナメコはじくを切ってゆで、目かごに入れて水で振り洗いしてゴミを除き、ぬめりをさっと洗い流す。
❷大根は皮をむいてすりおろし、ザルに入れて自然に水気を切る。
❸大根おろしをAで調味し、ナメコを和える。
※ナメコを多くし、おろしをちょっと添えるだけにした「みぞれ和え」にしてもよい。

材　料（4人分）		
	ナメコ	300g
	大根	300g
A	しょうゆ	大さじ2
A	酢	大さじ2

シメジのすまし汁

作り方

❶シメジは石突きを切り落として洗い、大きいものは適当な大きさに縦に裂く。
❷だし汁にシメジを入れて煮立て、Aで調味してから大きめに切った豆腐と斜め切りのネギを入れて、火を止める。

材　料（4人分）		
	シメジ類	150g
	だし汁	4カップ
	豆腐	200g
	ネギ	1/2本
A	しょうゆ	大さじ1
A	塩	小さじ1/2
A	酒	大さじ1

モダシのみそ汁

材　料（4人分）	
モダシ（2～3種）	200g
里芋	200g
大根	100g
ニンジン	50g
ゴボウ	50g
豆腐	100g
ネギ	1/2本
だし汁	5カップ
みそ	大さじ5

作り方

❶モダシは石突きを切って洗い、水を切る。
❷里芋は皮をむいて小さめに切る。大根はせん切り、ニンジンは皮をむいていちょう切りにする。
❸ゴボウは皮をこそげてささがきにし、水にさらしてアクを抜く。ネギは斜め切りにする。
❹豆腐はさいの目に切る。
❺だし汁にモダシと里芋、大根、ニンジンの順に入れて煮る。ゴボウを途中で加え、野菜が軟らかくなったら、みそを溶いて調味し、豆腐、ネギを加えて、火を止める。

ムキタケの油いため

作り方

❶ムキタケは石突きを切り落としてゆでる。目かごに入れて振り洗いし、薄皮とゴミを除き、水気を切る。大きいものは適当な大きさに裂く。
❷油揚げは油抜きし、一・五㌢幅の短冊に切り、コンニャクも同じ大きさの短冊に切ってゆがく。
❸鍋に油を熱し、①②を入れていためる。Aを加えて汁気がなくなるまで鍋をゆすりながらいり煮にする。ムキタケはぬめりがあり、焦げつきやすいので注意する。

材　料（4人分）		
	ムキタケ	300g
	油揚げ（大）	1枚
	コンニャク	200g
	油	大さじ2
A	だし汁	大さじ4～5
A	しょうゆ	大さじ3
A	酒	大さじ2

ブナカノカのなんばんいため

作り方

❶ブナカノカは石突きを除いてゆでる。特有の芳香が強いので、水洗いをしてから水気を切っておく。

❷鍋に油を熱して①をいため、Aと二つ切りの唐辛子を加え、ピリ辛のいり煮にする。

材　料（4人分）

	ブナカノカ（ブナハリタケ）	200g
	油	大さじ1
A	しょうゆ	大さじ2
A	だし汁	1/4カップ
A	唐辛子	1本

キノコの保存・加工

◆塩漬け

大量のキノコを長期保存するのに適している。キノコはゆでて、水洗いしながらゴミやぬめりを除いて、水を切る。漬物容器にキノコの量の三〇～四〇パーセントの塩とキノコを交互に振り入れ、上に笹の葉を敷き、押しぶた、重石を載せる。塩水を煮沸して冷ましたものを、容器に入れたキノコの上から注いでもよい。

食べる時は、薄い塩水に浸けておいてから流水にさらすか、冷水を何回か取り替えて塩抜きする。料理にもよるが、塩気がやや残るくらいが風味はよい。

ナメコ、ムキタケ、モダシ類、カノカ類、アミタケなどに適している。

ブナカノカ

◆乾燥

干すことで風味が増し、長期間保存できる。コウタケ、キクラゲなどが適している。食べる時は冷水かぬるま湯に浸けてもどす。

干したコウタケ

◆漬物

キノコはゆでて塩漬けにしたものを塩抜きし、みそ漬け、粕漬け、しょうゆ漬けにしておかずや酒の肴にする。

マスダケ、カノカはみそ漬けに、マイタケは粕漬けに、ムキダケ、モダシなどほとんどのキノコはしょうゆ漬けに適している。

マイタケ

第六章

イナゴの佃煮

イナゴ（蝗）は稲の葉や茎を食する昆虫で、秋に成虫となる。昔から害虫とされて来たが、カルシウムやタンパク質、ビタミン、鉄分が多く大切な食材として利用して来た。

昭和三十年代までは稲刈時期になると田園地帯は「イナゴ取り」の人々で賑わった。

小中学校の秋の行事として、子どもたちが一斉にはせ掛けや稲穂のゆれる田やあぜで、イナゴ取りをする光景が見られた。

食糧難時代には貴重な栄養源であったイナゴだが、農薬等の使用により激減した。最近は稲の有機栽培や低農薬栽培の普及により、再びその姿が見られるようになった。

イナゴは栄養に富むだけでなく、佃煮に加工することにより食べやすく、保存もきき、ご飯のおかずやお茶うけにもよく、素朴なふるさとの味として残しておきたい一品である。

材　料（4人分）

イナゴ （ゆでてはね、足をとったもの）		500g
A	砂糖	1/2カップ
	しょうゆ	1 1/3カップ

作り方

❶イナゴは袋に入れたまま一晩おき、翌日、なべに湯を沸かし、その中に袋ごと入れてゆでる。

❷赤くなってゆで上がったら湯から上げ、袋から出して水洗いし、ザルに上げ水気を切る。口当たりをよくするため一匹ずつはねと足を取り、もう一度水洗いする。

❸空なべを熱し、②を入れ、へらでかき混ぜながらカラカラになるまで十分空炒りする。これが不十分だと食べた時イナゴの殻が口に残る。空炒りしないで一日天日で干す方法もある。

❹ここに分量のAを加えて、弱火でかき混ぜながら、汁がなくなるまで煮つめる。

※空炒りの時、油で炒めるという方法もある。

ソゾミのがっくり漬け

秋に雑木林を歩くと赤いガマズミの実をよく見かける。各地の平地から山野に自生しており、県内ではソゾミと呼んでいる。

はじめのうちは酸味が強く、生食できないが、霜が降りるころになると透明感を増して甘くなる。このころにやはり甘味が出ている大根をソゾミとともに漬けると、程よく酸味の効いた鮮やかな紅色の漬物ができる。

漬物といえば、塩漬けやみそ漬けが主だった時代に、紅色で甘酸っぱい味は珍しかった。

ガマズミ（ソゾミ）

第六章

材　料（４人分）	
大根	500g
塩	大さじ1
ソゾミ（甘熟したもの）	100g
砂糖（好みで）	大さじ3

作り方

❶大根は皮をむき、包丁で裂くようにして乱切りにし、塩をまぶして軽い重石を載せ、一晩下漬けする。

❷ソゾミは穂から実だけしごき取って、水洗いする。これを木じゃくしなどでつぶし、好みで砂糖を加える。

❸①の大根をザルに上げて水気を切り、②をよく混ぜて、軽い重石を載せて漬ける。

サンマのすり身汁

サンマは金華山沖漁場を代表する魚で、古くから秋の味覚として欠かせない庶民の味だ。南の海で生まれて北上し、北の海でたっぷりえさを食べて太り、秋には産卵のため南下する。主な産卵期は十月から一月と、三月から六月の二回で、三陸沖から九州にかけての暖かい黒潮が流れる海で産卵する。

そして北は千島列島から南は沖縄周辺まで南北に大きく移動しながら成長する。大型のサンマは秋に生まれたものだ。

漁期は八月下旬に北海道から始まり、金華山沖では十月から十一月に盛漁期となり、産卵前の脂がのったおいしいサンマが食べられる。

サンマやサバなどの青魚の魚油は、動脈硬化を抑え、心筋梗塞や脳梗塞などの生活習慣病を予防する食品としても注目されている。鮮度の良いものは刺身や酢みそで食べる生食もおいしいが、やはり定番は塩振り焼き。たっぷりの大根おろしを添えて、焼きたての熱々を食べるのが一番である。

一方、すり身にして大根や白菜などの秋野菜とともに汁物に仕立てたすり身汁もおいしい。

第六章

材　料（4人分）	
サンマ	3尾
A みそ	大さじ1
A おろしショウガ	小さじ1
A 片栗粉	大さじ1
水	4カップ
大根	150g
豆腐	200g
ネギ	1/2本
みそ	大さじ3

作り方

❶サンマは頭と内臓を取り出し、水洗いして三枚におろす。ハラスや小骨を除き、包丁のみねでたたいてからAを加えて、さらにたたいてすり身にする。

❷大根は短冊切り、豆腐は大きめに切る。ネギは斜め切りにする。

❸鍋に水と大根を入れて煮る。大根が煮えたらすり身を大きいさじですくって入れ、浮き上がってきたらみそで味を調え、豆腐、ネギを入れて火を止める。

サンマのきがき

気仙沼・本吉地方では昔からカツオの魚群が沿岸近くまで回遊し、大量に漁獲された。多くは塩ガツオとして流通させていたが、カツオの漬け汁を樽に詰め、「きがき」と呼んだ。この漬け汁を樽に詰め、調味料として売り歩いた業者がいて、それで大根などを煮るととてもおいしかったという。きがきは魚しょうの一種。秋田のしょっつるやタイのナンプラーはよく知られているが、当時としては画期的な調味料だったに違いない。

その後、イカの塩辛や塩漬け魚をだしに大根と煮たものを「きがき」と呼び、サンマなどの鮮魚も煮るようになった。

昔は家庭の調味料といえば、自家製のみそと塩、酢くらいで、祝い事があればみそを漉した「みそだれ」をしょうゆの代用品にした。明治時代になると、しょうゆは地方でも販売されるようになり、醸造業もみられるようになったが、高価なため、もっぱら祝い事や来客用だった。

材　料（4人分）	
サンマ	3尾
大根	400g
長ネギ	1本
しょうゆ	大さじ2 1/2

第六章

作り方

❶サンマは頭をおとして内臓を取り出し、水洗いする。
❷大根は皮をむき、せんつきでおろし、汁ごと鍋に入れ、サンマを上に並べ火にかける。
❸サンマが煮えたら、尾の方から手でしごいて骨から身をはずしてさっと混ぜる。しょうゆを振りかけて、大根が軟らかくなるまで煮る。おろし際に斜め切りネギを加えて、火を止める。

サンマ

みやぎの水産業

魚市場に水揚げされたマグロ

宮城県は太平洋に面した海岸線が、島を含めて約八百六十五キロメートルに及ぶ。中央部に突出する牡鹿半島を境に、北は三陸のリアス式海岸、南は松島周辺を除き平坦な砂浜海岸になっている。そのため牡鹿半島以北では岩礁が多く、魚介藻類が豊富に獲れる。

また、リアス式海岸特有の多くの小湾は良港になっており、これを利用した養殖業も盛んだ。

金華山、三陸沖は黒潮、親潮、津軽暖流などの暖流と寒流がぶつかり合い、多種多様の水産資源に恵まれた世界三大漁場としても知られている。

昔から磯漁業、定置網漁業、カツオ漁、捕鯨、製塩業などが盛んに行われ、養殖業もその歴史は古い。カキは約二百八十年前から、ホヤも明治三十八年に始められている。

また、多種多様な魚介藻類の漁獲・生産によって、水産加工業も大きく発展してきた。

当初はそのまま塩蔵や乾燥物にしていたが、次第にかつお節、ちくわ、かまぼこなどの練り製品、缶詰、塩辛類、佃煮類と調味品も加工されるようになった。

今日の宮城の水産業は、北海道に次ぐ全国第二位の漁獲量を誇り、水産加工生産量も第二位を占めている。種類別に見てもベストスリーに入っているものが多い。

漁業ではマグロ類、サメ類、サンマ、カツオなどの水揚げが特に目立ち、養殖業ではカキ、ギンザケ、ホヤ、ワカメなど、水産加工品としてはささかまぼこなどの練り製品のほか冷凍食品の生産が際立っている。

宮城県の沿岸漁業から沖合・遠洋漁業までを幅広く支える漁業基地には気仙沼、女川、石巻、塩釜といった全国的にも知られる漁港があり、それぞれに特徴ある役割を果たしている。

イワシ定置網の水揚げ

冬の味

カキむき作業

農家はちょっと骨休み 浜は寒風での厳しい作業

水田地帯では正月（旧正月）までに稲の脱穀、モミすりを終わらせ、正月はゆっくりと過ごした。冬の主な仕事は農業や生活に必要なワラ製品作りで、米俵やむしろ、縄などを一年分用意した。農具を整備したり、作業衣の繕いや新調もした。

山間の農家では副業に炭を焼いたり、どこの家でも一年分の薪を伐ったりしたが、比較的、骨休めができる季節だった。

しかし、漁家では寒風の中での厳しい浜作業が続く時期。岩場では女たちがヒジキ、岩ノリ、マツモ採りに追われた。正月の費用に充てるため、十分に生育していない海藻を無理に口開けさせることもあった。

湾内ではアワビ、ナマコ、タコ、ドンコ漁が行われた。外洋の金華山沖辺りでは、真ダラ、油ツノザメ、イカ、メヌケ、カレイをはえ縄や刺し網で漁獲した。また、遠洋漁船に乗る男たちに代わって、女たちも木材の運び出しや薪伐りの重労働に従事した。

戦前まではこうした魚や貝、海藻は始末に困るほどたくさん採れたが、安値のため生活は厳しかった。交通の便が悪いため海産物業者が浜まで買い取りに来たり、地域によっては女たちが荷を背負い、干物や塩蔵加工品を内陸の農村へと出向いて行商した。俗称「背負子《しょいこ》」と呼ばれ、何人かで組をつくって回り、米と交換したりもした。これは貴重な現金収入となった。

カキの引き揚げ作業

柿のり（柿練り）

柿のりの原料となるコロ柿は、丸森町や白石市を中心とした仙南地方で多くつくられ、北海道など県外にも出荷されている。

これとは別に各家庭では屋敷周りに栽培されている柿を使って「干し柿」を作り、自家用としてかなりの量が軒端などに吊るされる。

晩秋にはどこの農家にも鈴なりの柿の実が見られ、皮をむき、軒先に下げられたさまは季節の美しい風景になっている。縄に下げられるころには寒い季節風も吹き始め、出来上がるまでの一カ月が待ち遠しく思われるほど。

甘い菓子や砂糖がほとんど手に入らなかった時代には、干し柿は貴重な甘味として大切にされてきた。

柿のりは「柿練り」の字が示すように、臼でついた米の粉と干し柿を練り合わせたもので、ほんのりしたやさしい甘さが、家族、特に子どものおやつとして珍重されている。

材　料（４人分）

干し柿	10個
うるち米	1kg
熱湯	適宜

作り方

❶干し柿は手で小さく裂いて、臼またはすり鉢で熱湯を注ぎながらよくついて、ドロッとした状態にする。

❷米は洗って、一晩水に浸けてから水切りして、臼などでついて粉状にする。米の粉を使ってもよい。

❸粉状になったところに①を加え、さらにつき合わせ、耳たぶくらいの軟らかさにする。

※昔は家族に分配した。生でも食べられるが、平たい形にして金網で焼いて食べると、香ばしくておいしい。寒い所で約一カ月保存でき、硬くなっても焼くと軟らかくなる。

軒下につるされた干し柿

ごろんべ鍋

土の中で生きているから「土生」という語源を持つドジョウは、浅い池沼や水田、小川などの泥底にすみ、冬は泥の中で冬眠する。

ごろんべ鍋は「その昔、五郎兵衛さんという人が好んで作った」ところから名付けられたドジョウ鍋。寒い冬でも、夏の暑い時期でもよく作って食べた料理である。

栄養の面では、ウナギに匹敵するほど。タンパク質、無機質類、ビタミンA、B_2、Dなどが豊富で丸ごと食べるのでカルシウムの補給にもなる。昔からドジョウを食べると精力がつくと言われ、夏バテ防止や栄養補給のために食べられてきた。

農薬の影響で一時期は激減したが、近年再び増えてきている。

ドジョウ

第六章

作り方

❶ドジョウは泥臭いので、少なくとも一日から二日は真水に放し、十分に泥を吐かせる。
❷鍋に油を熱し、ドジョウを入れてふたをして静かになったら、酒と水を入れる。
❸里芋は四つ切りにして、さっとゆでてぬめりを取る。他の野菜は大きめの短冊切り、ネギは斜め切りにする。
❹凍み豆腐はぬるま湯でもどして、短冊切りにする。
❺②の鍋にゴボウ、凍み豆腐を入れて、五分ほど煮てからネギ以外の野菜と酒粕を入れてコトコト煮る。しょうゆと塩で味付けし、汁がドロッとしてきたら、最後にネギをはなして火を止める。

材　料（4人分）

ドジョウ	300g
油	大さじ2
酒	1/4カップ
水	3カップ
里芋	100g
大根	100g
ゴボウ	80g
ニンジン	80g
ネギ	4本
白菜	200g
凍み豆腐	4枚
酒粕	100g
しょうゆ	大さじ2 1/2
塩	小さじ1

凍み大根 切り干し大根

野菜類の保存・加工法の一つに乾燥がある。単に乾燥させるのではなく、一度凍らせてから乾燥させる方法もあり、凍み大根は凍る、解けるを繰り返して乾燥させたもの。生の大根とは食感も栄養価も大きく異なる。食物繊維やカリウムなどが増加するだけではなく、多様な食べ方ができるので、古くから郷土食として愛用されてきた。

凍み大根は寒冷地ならではのもので、厳寒期となる正月行事が終わるころから二月にかけて加工される。ぬるま湯で軟らかくもどして煮物などに使う。田植え時には凍み大根、凍み豆腐、山菜などとともに煮た「お煮付け」はおなじみのごちそうになっている。

切り干し大根は冬期から三月ころまでの間、土中に貯蔵しておいた大根を掘り出して作る。凍み大根と同じく軟らかくもどし、煮付け、みそ汁の具、油いため、漬物などに使えるやはり重宝な加工品である。

凍み大根の作り方

❶土中に囲っておいた大根を洗い、二十〜三十チセンの長さに切って皮をむく。
❷太さによって二つ割りか四つ割りにして、端から二チセンくらい下に箸で穴を開け、三〜五本をワラに通す。
❸熱湯で五〜十分ぐらいゆでてから水に一時間ぐらい浸し、ワラを持って引き上げ、風通しのいい軒端に吊るして凍らせる。
❹凍る、解けるを繰り返しているうちに、カラカラに干し上がる。あめ色になったものは缶などに入れて保存する。

写真上の状態から写真下のようにあめ色に干し上がる

切り干し大根の作り方

❶大根は洗って皮をむき、太めのせん切りか、いちょう切りにする。
❷①をそのまま、もしくは湯をくぐらせてから、すのこかむしろに広げて、雨露に当てないようにカラカラに干す。

あざら

　大根の茎漬けや菜っ葉漬けの古漬けを魚のだしで粕汁にしたものを気仙沼地方では好んで食べる。その代表格が「あざら」である。

　昔この地に「あざら」という名の法師が住んでおり、石灯籠も一人で担ぐほどの力持ちだった。法師は徳の高い僧を意味する阿闍梨《あじゃり》と呼ばれたが、それが訛ってやがてあざらとなり、豪快なこと、手荒なことを意味するようになった。あざらはこの〝あざら法師〟によって伝えられたとされる。

　それだけに調理法は豪快。冬から春先にかけて、酸味が出てきた古漬けと脂ののったメヌケを大きい鉄鍋にどっさり炊いて、みんなで集まって丼で何杯も食べた。隣近所にも振る舞い、お互いにわが家の味を自慢した。

　あざらは冷めてもおいしく、翌日になって煮返すとさらにおいしくなり、一度炊くと二、三日は食べていた。

材　料（4人分）

白菜漬	400g
メヌケ(身・アラ)	400～500g
水	5カップ
酒粕	150g
みそ	大さじ3～4

メヌケ

作り方

❶白菜漬けは洗わないで三センチくらいに切り、漬け汁に水を加え硬めに煮る。煮汁を切って水を取り替えながらさらし、塩分がやや残る程度に塩抜きする。

❷鍋に①とメヌケ、水五カップを入れて、十五～二十分煮てみそを入れ、さらに弱火で煮る。おろし際に酒粕を煮汁で溶いて入れ、一煮立ちしたら火を止める。

イカの切り込み

塩辛は昔から食べられており、藩政時代には「ひしお」「切込」と呼んでいた。主に魚や貝の内臓を原料にしていたが、当時内臓のほかに魚卵や魚肉も混ぜ、調味料に、麹、酢、酒も用いていた。

三陸沿岸はスルメイカの好漁場なので、イカ漁が最盛期になるとたくさん作った。普段のおかずに、酒の肴にと大変重宝した。

家庭で作る塩辛は、皮をむかないで胴、足、ヒレまで全部を使い「一本づくり」と呼んでいた。塩味が早くなれるようにみそや酒粕を入れることもあった。皮をむいて胴肉だけを使ったものや、ふを入れない「白づくり」が作られるようになったのは近年のこと。

イカのほかに、カツオの内臓やアワビの肝も塩辛にした。昔はカツオの内臓は加工場から譲り受け、アワビは身だけを出荷していたので、肝はたやすく入手できたという。

材　料（4人分）

イカ	1ぱい
イカのふ	1ぱい分
塩	イカの重さの8～10％
唐辛子	適宜

作り方

❶イカは開いて内臓を除き、一日くらい天日に干して水分を飛ばす。
❷イカのふは塩を振り、水分を切っておく。
❸イカの胴や足、ヒレは細切りにし、②のふを袋からしごき出し、塩を加えて全体を混ぜる。
❹唐辛子はさっと焼いて三つくらいに切って入れる。
❺容器に入れて、一週間くらい熟成させる。

スルメイカ

イカのふいり

煮物や塩辛にはスルメイカが合う。三陸ではマイカと呼ばれる。日本周辺にだけすむ代表的なイカで、宮城県でも全国五位（平成十四年）の漁獲量がある。

早春に九州南部で産卵し、黒潮と対馬海流に乗って太平洋側と日本海側を北上する。北上する時に三陸では「夏イカ漁」も行われるが、北の海でたっぷりえさを食べて南下する成熟した秋イカがうまい。特に「ふ（肝臓）」を生かした料理はこの時期に限る。

気仙沼・本吉地方、登米地方などではイカをふごと炊いたものを好んで食べてきた。とりわけ甘味を増した秋大根との相性がよく、登米市登米町地区ではわらわら（おろし器）ですりおろし「いかのふいり」と呼ぶ。また、本吉地方ではせんつきでおろし、「いかなます」といった。

イカのふは、たくさんあるときに塩蔵しておき、酒の肴にもしたが、脂っこい独特の風味が煮物の味付けの材料として喜ばれた。普段は大根おろしと塩漬けふをいり煮にしたことからこの名がついた。また、大根おろしにイカの塩辛を入れて煮ることもあった。生イカがあれば、胴や足も入れ、さらに季節の野菜や昆布と合わせて煮しめ風にした「イカのふ入り炊き」を作った。

大根とせんつき

作り方

材　料（4人分）

大根	400g
イカ	1ぱい
しょうゆ	大さじ3

❶ 大根は皮をむき、せんつきでせんにおろしておく。

❷ イカは内臓を除き、身は短冊切りか、輪切りにする。ふは塩を少々振っておく。

❸ 鍋に①を汁ごと入れて煮る。さっと煮えたらふを袋からしごいて入れ、しょうゆも加えて箸でかき混ぜながら、いり煮にする。好みの煮加減になったら、イカを入れて煮、身が硬くならないうちに火を止める。

第六章

カキの酢の物

日本の養殖カキは、東北地方の太平洋岸と広島県を中心とする瀬戸内海が二大生産地。カキ養殖の歴史は三百年にも及ぶが、安定的に量産できるようになったのは戦後である。養殖技術や施設の改良、沖合採苗技術の開発などにより、養殖場は内湾から沖合へと広がり、生産も増えた。養殖場も従来の万石浦、松島湾から牡鹿半島、女川周辺へと広がった。

戦前までは生産者が直接業者へ販売することが多く、品質やむき身の選別の状態などが均一ではなかった。現在の漁業協同組合による共販体制は昭和四十年代から強化され、整備された。消費者の安全な食品へのニーズに応え、高品質で安全なカキを生産する努力を続けることにより、県産カキの評価を高めてきた。宮城県では全国に先駆けてカキの安全・安心対策を実施し、カキのほとんどを生食用として全国に出荷している。

宮城県産のカキは、清浄な海域で養殖され、特有の甘味、うまみがあり、何と言ってもむきたてを酢ガキにして味わうのが一番である。

材　料（4人分）

カキ		300g
二杯酢		
A	酢	大さじ3
A	しょうゆ	大さじ3（塩の場合は小さじ$1\frac{1}{2}$）
ユズの皮		少々

作り方

❶カキはザルに入れて塩水で振り洗いし、さっと真水で洗ってから、ザルに上げて水を切る。
❷Aの調味料を合わせて二杯酢を作る。
❸器にカキを盛って二杯酢をかけ、ユズのせん切りを散らす。

ドンコ汁

第六章

「ドンコ」とは地方名で正式な名はエゾイソアイナメという。北日本に多い魚で三陸沿岸以外ではあまりなじみのない魚である。

ドンコは岸近くの浅場から水深二百メートルの水域の天然礁や人工魚礁に多くすむ。県内では主に石巻港と気仙沼港に水揚げされ、平成十四年の水揚量は三百五十三トン。昭和十三年に気仙沼港だけで百六十六トンあったことを考えると、水揚げの減少とともに、食卓にのせる家庭も少なくなっているのだろう。

ドンコは縁起魚でもあり、気仙沼地方では大漁、商売繁盛を祈願して恵比寿講の日に神棚に吊るし、それをドンコ汁にして食べる風習がある。成長したドンコは体長が四十センチくらいになり、口が大きく、腹が膨れて丸々とした姿だが、意外に尾が細くて小さい。そこで大きな口は財布のがま口に似てどんどんカネが入り、ちいさな尻からは出て行きにくいのでカネが貯まるというわけだ。

ドンコは冬になると身が締まり、肝も脂がのって一段とおいしくなる。身は柔らかく、崩れやすいが、上品なうまさがあり、熱々のドンコ汁で食べるのが一番である。肝もおいしく、汁もたたきも肝あっての料理といえる。

大根やみそとの相性が抜群で、ドンコのうまみが染み込んだ大根は格別においしい。地方によってはニンジンやゴボウ、ジャガ芋を入れたり、しょうゆ味を好む人も多い。

材　料（4人分）

ドンコ	1～2尾（800g）
大根	200g
豆腐	200g
ネギ	1本
水	5カップ
みそ	90～100g

作り方

❶ドンコはうろこと内臓を取り、頭ごと三つか四つにぶつ切りにする。肝は内臓からはずして大きめに切る。

❷鍋に水とドンコの身、肝、いちょう切りの大根を入れ、アクをすくいながら十分ぐらい煮る。

❸大根が煮えたらみそを溶いて調味し、大きめに切った豆腐と斜め切りのネギを入れて、火を止める。

ドンコのたたき

ドンコは腐りやすいので、たたきにするには鮮度がよいことが第一。釣り上げたその日のうちに調理する。大きめの方が肝も大きく身もおいしい。

作り方

❶ドンコはうろこを取って頭と内臓を除き、三枚おろしにして腹の小骨を抜き、皮をはぐ。肝は内臓からはずしておく。

❷まな板の上で身と肝を包丁でたたいて混ぜる。ほぼ混ざったらみじん切りのネギとショウガ、最後にみそを加えてたたき混ぜる。この時、たたき過ぎないように注意する。

材　料

ドンコ	1尾（700～800g）
肝	1尾分（70～80g）
みじん切りネギ	大さじ山盛り1
みじん切りショウガ	小さじ1/2
みそ	50～60g

アンコウのとも和え

アンコウは全国の海に生息する深海魚。金華山沖でも、味がいいといわれるキアンコウが漁獲されるが、年々漁獲量は減り続けている。

頭が大きく灰褐色で身もぶよぶよしていて、ぬめりが多い。この外観からはどう見てもおいしそうには見えない。もともと漁師料理だったアンコウ鍋が、広く親しまれるようになったといわれる。俗に「アンコウの七つ道具」といわれる身、肝、水袋（胃）、ヌノ（卵巣）、エラ、ヒレ、皮まで全部食べられるので捨てるものはほとんどない。特に旬の冬に大きくなる肝臓（あんきも）は、三〇～四〇《パーセント》もの脂質を含み、ビタミンAの含有量も高く、身よりも珍重されている。

一般にはしょうゆやみそ仕立ての暖かい鍋物、汁物にすることが多いが、肝のうまさを生かしたとも和えは絶品と言っていい。

作り方

❶アンコウの身と肝は適当な大きさにぶつ切りにし、ゆでてザルに上げ、水気を切る。少し冷めたら身を骨からはずしてほぐし、皮は太めのせん切りにする。

❷肝はすり鉢でよくすり、みそを加えてさらにする。

❸①を②の肝みそで和える。

材　料（4人分）

アンコウ	400g
肝	50g
みそ	50g

塩蔵ワカメの加工作業

みやぎの海藻

海藻は先史時代には塩分補給に欠かせない食料だった。その後も時代ごとに租税や戦時食、飢饉に備えた救荒食などとして役割を果たしてきた。また、肥料や糊の材料などにも利用されてきた。

宮城県は牡鹿以北がリアス式海岸で岩礁が多く海藻類の宝庫。コンブ、ワカメをはじめフノリ、ノリ、岩ノリ、ヒジキ、マツモ、ツノマタなど、冬から夏にかけて海藻採りは最盛期を迎える。

海藻採りは主に女性の仕事とされたが、冬の岩場での作業は厳しく、倒れる人もいた。海藻類は昭和の初めころまでは豊富で、海産物業者が浜まで買い付けに来ていた。しかし経済的な価値はあまりなく、その後組織された漁業協同組合が共同販売をするようになって、販路拡大が進み、浜の人たちにとって重要な販売品となった。

海藻類の養殖ではノリの歴史が古く、延宝三年（一六七五）に江戸の品川で始められ、享保年間に現在の漉《す》きのり技術が考案された。宮城県では安政元年（一八五四）、気仙沼湾で始められ、県内各地に普及した。昭和三十年代から飛躍的に生産が増え、平成十四年には全国七位の生産量がある。

ワカメ、コンブは昭和二十八年に女川湾で日本初の養殖が行われた。三陸海岸は寒流と暖流が交わるため、水温や栄養分などワカメの養殖に適した自然条件がそろい、質のいいものが出荷されている。養殖ワカメの生産量は昭和四十年代から急速に伸び、岩手県に次いで全国二位（平成十四年）となっている。

天然コンブの生息南限は宮城県といわれており、やはり昭和四十年代から養殖技術の普及により気仙沼湾、松島湾を中心に全国三位（平成十四年）の生産量がある。宮城県のマコンブは葉が柔らかく、煮物やおでん、すきこんぶに適している。

養殖生産の海藻類が飛躍的に伸びる一方で、天然の海藻類は海水の汚染などで激減している。今後は海藻資源をいかに守り育てるかが課題である。

第七章　みやぎの特産

DAIRY FARM GIFT
CREAM CHEESE
CREAMY SPREAD PLAIN
NEUFCHATEL CHEESE
生酒

煮大豆と塩・麹を合わせる「1.5次産業」

旨味と芳香に優れた
仙台味噌

第七章

みその起源については中国から醤《ジャン》・未醤《みしょう》・豉《くき》として伝わったという説、また高麗醤として朝鮮半島から伝わったという説などいろいろある。しかし、大豆や米、雑穀を軟らかく煮たものに塩と麹を加えて、発酵させた日本固有の大豆発酵食品として発達したという説が有力だ。奈良時代に常食の必需品となり、室町時代に一般庶民に広がったという。

仙台味噌は仙台藩主・伊達政宗が軍糧として造らせたものが始まりとされ、後に赤みそすべてを「仙台味噌」と呼ぶほど、品質、名声ともに普及した。特に今から四百年ほど前、豊臣秀吉の朝鮮出兵に政宗が参加した折、他藩のみそは腐敗してほとんど食用にならなかったが、仙台味噌は少しも変質することがなかった。請われて他藩に分け与えたことから、一躍「仙台味噌」の名が高まったと伝えられている。

藩政時代、諸藩では武器、軍用金、米、塩、みそなどを城中に備蓄することが慣わしとされたが、政宗は単に非常時に備えるばかりでなく、常に城中の糧とするため、みそ醸造設備を設けて造らせた。これは「御塩噌蔵」と称され、日本における工業生産みその始まりとなった。また、町方のみそ醸造業者の指導と保護にも努めたと記録されている。

宮城県味噌醤油工業協同組合は昭和二十二年に設立。以来御塩噌蔵を元祖とする工業生産みその研究開発や衛生管理指導を行ってきた。組合は古くは藩政時代の仲間講に由来し、戦中・戦後の食料統制時代を通じて一貫して伝統の味を守りながら、改良と創意工夫を重ねて、よりよい製品を消費者に提供し続けている。仙台味噌は濃い山吹色で、光沢があり、塩なれした旨味と芳香に特長がある。

一方、大豆や米の生産を行っている農家にとって、みそは、飢饉対策には不可欠な食料だった。そのためには三年、五年と保存がきくみそが必要で、独特な作り方が伝わってきた。山吹の花が咲くころになると、屋外に大きな釜を据え、薪を燃やして大豆を煮て、臼でつき、直径二、三十センチのみそ玉を作る。それに藁を十字にかけて二週間ほど軒下などに吊るして乾燥させる。この間に麹を作り、乾燥したみそ玉を包丁で刻み、塩と麹と水を加えて樽に仕込んだ。この方法は主に県北地方で昭和三十年代まで長く行われていた。

昭和初期までは飢饉対策としてだけではなく、三度の食事に欠かせない調味料として、みそ汁をはじめ煮物、みそ焼き、みそ漬けなどに使われた。食膳にみその香りが立たない日はないほどだった。そのためみその仕込みは一度に大豆一俵（製品としては一八〇キロ）とか、四斗樽三本（二五〇キロ）などの例は珍しくなかった。三年寝かせて順繰りに「三年みそ」を食べるのが一般的で、仕込みやその後の手入れは手間のかかる仕事だったが、みそづくりは大切な年中行事でもあった。

昭和五十年代には自給率向上を目指して農家が主体となったみその共同加工や委託加工組合が県内各地に組織された。これは農家の自家用の委託が中心だったが、昭和六十年代には水田再編に伴う転作大豆の有効活用と、米消費拡大の一環として販売にも力を入れるようになった。今では「一・五次産業」として仙台味噌の普及拡大の一端を担っている。

この間、日本の食生活は大きく変化し、飽食の時代とも言われるようになった。食生活が豊かになる一方、米やみそなど日本型食材は食卓から少しずつ姿を消しつつあったが、最近は健康志向が高まり、みその優れた栄養価と、ガン予防効果、コレステロールの抑制、脳の活性化など優れた機能性が見直され、海外にも輸出されるなど、再評価されている。

風味・歯応え・日持ちがよい

油麩

店に並べられている油麩

麩の油揚げ作業

お盆になると、どこの豆腐屋も精進料理に欠かせない豆腐、油揚げの製造に追われた。今のような冷蔵設備がない時代は、豆腐や油揚げが日持ちしないのが悩みで、明治末ころ、登米市登米町地区の豆腐屋がおいしくて日持ちのする商品として考案したのが油麩だった。

小麦粉に水を加えて、こねたものを水で洗い流すとネバネバしたガムのようなグルテン（モッチ）が残る。麩はこのグルテンが主材料で、タンパク質が多く栄養的にも優れている。

麩には、生麩と焼麩がある。生麩はグルテンにもち米粉を加えて練って蒸したもの。焼麩は小麦粉を加えて焼いたもの。東北では棒麩や板麩、豆麩などの焼麩がよく食べられてきた。

油麩は、グルテンに小麦粉を混合し、棒にかけて飴のように何回も伸ばし、一～一・五キログラムの塊に丸めて水の中で寝かせる。これを太さ一・五センチ、長さ二十センチの棒状に延ばして油で揚げる。途中カミソリで縦四本の切れ目を入れて、曲がらないようにする。

製品の出来は気候（気温、湿度）の影響を受けやすい。夏はグルテンが伸びるので、熟練の技とコツが必要になる。

油で揚げているので、風味があり、歯応えと軟らかさのバランスもよい。しかも日光と湿気に注意して保存すれば、日持ちもかなりよい。

現在はグルテンに加工した粉末や、冷凍したものを輸入して原料にしているので、前よりも作業が楽になった。とはいってもまだまだ手作業に頼る部分が多い。

最近まで登米地方だけでお盆のころに食べられており、製造も夏だけに限られていた。しかし、ふるさとを離れる人が多くなり、懐かしい味の贈答品として全国にそのおいしさが知られるようになり、登米地方以外でも大量に生産されるようになった。

高タンパクで低カロリー ささかまぼこ

宮城県は海に恵まれ、各地に優れた漁場と漁港がある。ささかまぼこもこうした環境のもとで生まれた特産物である。

県内の気仙沼、石巻、塩釜、閖上《ゆりあげ》（名取市）の各漁港では明治中期ころヒラメのほかスズキ、タイなどが大量に獲れ、さばき切れないほどだったという。輸送方法も発達していない時代で、獲れすぎた魚を活用した加工品の開発が急務だった。そんな状況から同時発生的に各漁港で始まったのが「焼きかまぼこ」だった。それまでは家庭で魚をすり鉢ですって、手のひらにのせ、形を作り、竹串に刺して炉辺で焼いていたという。

つまり、手のひらでたたいて笹の葉形に姿を整え、炭火で焼いて売り出したのが「ささかまぼこ」の前身。名前も「手のひらかまぼこ」「ベロかまぼこ」などいろいろだった。「ささかまぼこ」に統一されたのは近年のことである。

その後原料のヒラメの漁獲量が激減、現在は高級品を除きほとんど使われていない。その代わり、スケソウダラなどの白身魚が漁場で冷凍すり身にされ、主原料となっているようだ。

ささかまぼこは現在、宮城県を代表する特産品であり、土産品としてその名は県内外はもちろん海外にまで知られている。包装技術の進歩や衛生的な製造工程の確立、輸送方法の発達などで保存可能な期間が長くなり、大いに消費拡大につながった。

味が淡白で、良質なタンパク質が多く含まれ、しかも低カロリー食品であることが特長。そのままわさびじょうゆで、あるいは大根おろしや木の芽みそ和え、野菜と合わせてサラダに、さらにはかき揚げ、おでんなどとして手軽に食べることができ、多くの人に愛される食品になった。

佐藤かまぼこ店（仙台市宮城野区）ではいまも一枚一枚手焼きされている

胃にやさしい うーめん

昔ながらの粉ねり、踏みのし

うーめんは清冷な水と気候に恵まれた蔵王山ろくで育った白石市の特産品で、和紙や葛粉《くず》とともに「白石三白」として知られていた。

その発祥は、今から四百年ほど前にさかのぼる。病床にあった親を助けようと白石城下に住む鈴木味右衛門という人が、油を使わない麺の製法を旅の僧から教えてもらい、その麺を親に食べさせたところ、病気が全快したという話が伝わる。

その後、製法にいろいろと工夫が加えられ、片倉家から伊達の殿様へと献上されるなど「御膳温麺」として伝承されてきた。

白石川をはじめとした数多くの清い流れと、盆地の形成によって、うーめんの原料となる小麦の生産、水車式石臼挽きによる製粉業が発達した。しかしこの方法では、高品質の維持に問題があることから、明治二十二年にタービン装置を動力とした石臼式製粉機が導入され、近代的な製粉の先駆けとなった。

原料の小麦は周辺の蔵王町、村田町などから集荷されていたが、近代的な機械製粉になるとともに、県内一円はもちろん、東北、関東と広い地域の小麦が使われてきた。大正末期には外国産の小麦も輸入された。

うーめんは作り始められて以来、原料の精選、製造技術の改善、そしてことさら「蔵王颪《おろし》」を利用した寒製うーめんの製法に力を入れた。明治中ごろには手延製温麺の製造業者は百数十軒を数えた。盂蘭盆《うらぼん》になると、地元白石をはじめ、うーめんの消費地である米沢や相馬方面に荷運びする駄馬の数が道中を大いににぎわしたという。

長さ八㌢と短い上、他のそうめんより細いのでゆでやすく、食べやすいという特長と、保存がきく乾麺という点で、お盆の贈答品として重宝されている。仙台周辺をはじめ、県内各地にはお盆になると「おくずかけ」にして仏前に供え、食べるという習慣が今も残っている。

はたにかけて延ばし、乾燥させる

第七章

岩出山の風土が育てた

凍み豆腐

第七章

正月の雑煮、祭りや田植えなどのごちそうに欠かすことのできない凍み豆腐は、かつては農家が自家用や副業として作っていたものだ。とりわけ大崎市岩出山地区付近一帯は特産地として知られ、色白でフワリとした口当たり、品質の良さで、名声を高めてきた。

現在の岩出山凍み豆腐の製法は、天保十三年（一八四二）、豆腐屋だった齋藤庄五郎が、伊勢大神宮や金毘羅様参詣の折に、奈良で製造を習い、弟子たちに教えたのが始まり。「凍みらせながら乾燥させる」ことから「凍み豆腐」と呼んだ。

岩出山凍み豆腐のおいしさの秘密は「おいしい水」と「最適の気候」、さらには「良質の大豆」にある。特に宮城県産のミヤギシロメやタンレイを原料にした凍み豆腐は、きめ細かく滑らかである。

凍み豆腐づくりは、手間がかかり、全工程に細心の神経を使う。とりわけ、冬の夜に凍結させる時の天候が製品の良し悪しを決めるので、気が抜けない。しかし、近年は生産者の高齢化などで機械化が進み、天候に大きく左右される屋外凍結や天日干しも減った。

凍み豆腐作りの主な工程は①大豆を水に浸す②大豆をひく（昔は石臼でひいた）③釜で煮る④ゴ（豆汁）を搾る⑤ニガリを入れて寄せる⑥型枠（木箱）に流し入れて固める⑦板にのせて冷まし、棚で寝せる⑧豆腐を切る（大断ち・小断ち）⑨切った豆腐をすのこに並べる⑩干し場で凍結させる⑪凍らせたまま集めて莚《むしろ》をかけ、二、三日寝かせる⑫凍らせた豆腐をぬるま湯で解かして搾り、ミゴ（ワラの芯）で編む⑬竹竿にかけて日光と寒気で乾燥させる。「凍る、解ける」を繰り返す。地面に雪があればより白く仕上がるという。

製造工程が機械化された今でも、大断ち、小断ち、豆腐編み、天日干しは手作業。中でも豆腐編みは熟練が必要で「編み子」と呼ばれる編み歴五十余年のおばあちゃんたちに支えられている。

凍み豆腐は栄養的に優れ、保存がきき、野菜や魚介、昆布などとの煮しめや雑煮、汁物などの常備食品として重宝されている。

解かした豆腐をミゴで編む

第八章 年中行事

旧暦・新暦

かやぶき屋根の農家

明治維新の後、西欧化を目指した政府が、諸外国と共通の新暦（太陽暦）を導入し、明治六年（一八七三）から施行した。しかし、当時これに従ったのは官庁や学校ぐらいで、一般家庭や地域社会では、大正、昭和になっても従来の旧暦（太陰暦）が使われていた。それは旧暦が農耕や漁業の目安になっていた上、月の朔望《さくぼう》（満ち欠け）と一致し、何かと長年の慣習となっていたためである。

　大正から昭和初期に子ども時代を過ごした人々には二度の冬休みがあった。一度は新暦の短い正月休みで、元日に登校し「四方拝」に参列して「年の初めのためしとて…」と歌った。

　しかし新暦の正月は農家ではまだ稲こきが終わらず、正月行事はそれより一カ月ちょっと遅れる旧暦で行われた。旧暦の正月は寒さが厳しく、雪も比較的多く降って、ゆっくりと正月気分を味わえたようだ。学校も旧正月の休みがあり、新暦の正月休みよりも長かった。

　お盆は新暦の一カ月遅れ、八月十三日～十六日にかけて行われていた。

まゆ玉飾り

　年中行事が新暦で、行われるようになったのは昭和三十年代に入り、新生活運動が盛んになり、各市町村に新生活運動協議会が結成され、新暦の使用が奨励されるようになってからである。

　しかし、足並みがそろうまでしばらくかかり、新暦が使われるようになったのは、昭和三十年代後半である。

年中行事と行事食（旧暦・大正初めころから昭和三十年代まで）

月	日	行事	蔵王町	鹿島台町	岩出山町
一月	元旦	元朝詣 若水汲	朝起きて身を清め、四方の空を礼拝し、若水を汲む。雑煮、飴餅、納豆餅、焼魚、煮しめ、数の子、昆布巻き、黒豆。	夜半過ぎに氏神様を拝し、年縄を持って近くの神々を拝んで歩く。雑煮、飴餅。	地区や集落の初詣、洗米と田作りヒツコ、年縄を携える。若水を汲む。雑煮、あんこ餅、飴餅、納豆餅、柿なます、焼魚、煮しめ、ごぼういり、黒豆。
	二日	買い初め 書き初め 初夢	朝は元旦と同じ。夕食にとろろめし、とろろを小皿に取り、玄関の敷居に少しのせ、神に供える。	朝はとろろめし、塩鮭、余ったとろろを門や家の周りに引く（悪病除け）。	夜にとろろめし、塩鮭。とろろ汁を大戸口、屋敷周りに厄除けに引く。
	三日		朝は元旦と同じ。	朝は元旦と同じ。	朝はご飯。
	六日	七草の準備	七草粥の材料を集め、まな板の上でたたく。	夕方に七草粥の準備。まな板の上でたたく。	夕方に七草粥の準備。まな板の上でたたく。
	七日	七草	七草粥を作り、神に供える。	朝、七草を一回たたく。七草粥を食べる。	七草粥にお供え餅を入れる。きゃらぶきを食べる。
	十一日	稼ぎ初め（野はだて） 鏡開き	朝暗いうちに起き、明きの方を向いて土を耕す。元旦に供えた鏡餅を下げ、焼いて食べる（歯がための餅）。	早朝に起きて藁仕事をする。きな粉餅、納豆餅、粒あん餅。	雪の積もった田で田植えのまねごとをし、酒肴をいただく。

元朝詣り

だんごさし

［注］鹿島台町は現大崎市鹿島台、岩出山町は現大崎市岩出山

月	日	行事	行事内容と行事食 蔵王町	鹿島台町	岩出山町
一月	十四日	松納め 小正月（女の年取り） 餅つき チヤセゴ	松飾りを下ろす。米の粉で作っただんごを木にさして飾る。あと正月の餅つき、子どもたちが家々を回る。	松飾りをはずす。穀類・養蚕の豊作を祈ってだんごを木にさす。小正月の餅つき。子どもたちが夜に家々を回る。	松飾り、年縄をはずす。栗の枝に餅を七・五・三と下がるように吊るす。餅をついて農機具などに供える。子どもたちが家々を回って餅をもらう。
	十五日	暁詣り 鳥追い	夜中に暁粥（小豆がゆ）を作り、松おくり。	朝に暁粥を供え、正月の飾り物を氏神に納める。	暁粥を神に供え、暁参り、年縄を納める。
	十六日	大齋日 藪入り	仕事は女も全員休み。	朝に餅を食べて休む。	墓参り、初お精進。餅を供え、使用人も休み。
	二十日	二十日正月	十四日に飾っただんごを木からはずす。	小豆餅を食べて休み。	正月行事の終わりの日。酒、魚、お吸い物。
二月	三日	節分	豆まき、年の数だけ煎り豆を食べる。	豆まき、煎り豆を食べる。	豆まき、まいた後に豆を煮て食べる
	初午の日	初午	赤飯を食べ、玄米茶を飲み、無火災を祈る。	なし。	火伏せの祈願。
三月	三日	桃の節句	ヨモギを摘み、草餅を作り、ひな壇に供える。	草餅をつき、白酒を供える。	草餅をつき、仏前に供える。他にお吸い物、魚（ニシン）を食べる。
	十八日	彼岸入り	精進料理。	赤飯、精進料理。	小豆ご飯かお茶ご飯と精進料理、小豆だんご。
	二十一日	彼岸中日	草餅をつき、墓参り。	小豆だんご、とろろ芋の煮物。	墓参り、だんごかぼた餅を供える。

どんと祭

月	日	行事			
	二十四日	お彼岸お帰り	五目ご飯。	餅。	餅かぼた餅。お土産餅。
四月	八日	お釈迦様誕生日	小豆だんご、農休日。	餅をついて祝う。互市。	だんごか赤飯。精進料理。
五月	五日	端午の節句 初田植え	菖蒲とヨモギを軒端にさす。フキと長芋を食べる。菖蒲湯、赤飯、笹巻き	軒に菖蒲とヨモギ、菖蒲湯。赤飯。	笹巻き（あんが入ったもの）、ミョウガの葉やき、赤飯。
六月	一日	ムゲの朔日	餅をつく。休日。	餅をついて休日。	餅をついて休日。ハガタメ餅（正月の供え餅）を蒸して食べる。
七月	六〜七日	七夕 七日（ナノカビ）	笹竹に短冊などを下げ、庭先に飾る。仏様にうーめんを供える。お盆の準備、墓掃除。	笹竹飾りを庭先に立てる。竹飾りを川に流す。赤飯。	笹竹に飾りをつけ、戸ごとに掲げ、早朝川に流す。赤飯を食べる。墓掃除、盆の準備。
	十三日	迎え盆	盆棚飾り、迎え火をたく。	盆棚飾り。	盆棚飾り、墓参り、迎え火をたく。
	十四日	墓参り	朝ご飯、昼うーめん、夜五目ご飯。	朝ご飯、昼うどん、精進料理。	朝赤飯、昼うどん。
	十五日	中元	朝餅（ずんだ、あんこ）、昼うーめん。	朝餅、昼うどん、夜ご飯。	餅をついて供える。
	十六日	送り盆 送り火	十五日についた餅を焼いて食べる。盆棚をはずす。	餅は食べるなとされている。	仏前に供えた野菜や果物を食べる。盆棚をはずす。

こいのぼり

七夕

第八章

月	日	行事	行事内容と行事食　蔵王町	鹿島台町	岩出山町
七月	二十日	二十日盆	五目ご飯。	餅やうどんを食べ、休む。	お茶ご飯、餅やうどん。
八月	一日	八朔の一日	餅か赤飯を神仏に供える。	餅を食べ休日。	餅を食べ休日。
	十五日	仲秋の名月	栗ご飯か新米ご飯、名月に供えるだんごはその年の月の数（十二個）。季節の果物、野菜、ススキと稲穂をさした瓶にフナを入れて拝む。	箕の上にとうきび、果物、里芋、枝豆、だんごなどと稲株をのせお月様に供える。ススキ、萩を瓶にさしてお月見をする。	月の見える場所に供え物。果物やとうきび、サツマ芋、枝豆、栗、だんごを供え、ススキや萩を瓶にさして、豊作を祈る。
九月	九日 十九日 二十九日	節句 三九日（ミクニチ）	新米でご飯をたき、屋敷神に供え、苦を避けるためナスを食べる。	餅をついて休みにする。ナスを食べる。	新藁のつとに新米の赤飯を入れ、屋敷神に供える。ミクニチナスを食べる。
	十八日～二十四日	秋彼岸	春彼岸と同じ。ずんだ餅を仏前に供える。	春彼岸と同じ。おはぎ。	春彼岸と同じ。ぼた餅。
十月	一日	お刈り上げの朔日	餅をつき、神仏に供え、作況を感謝する。	餅をつき、稲刈りをした人たちに配る。農具の上に餅を供える。	餅（あん、納豆、えび）を戸口の臼に供える。仕事は休み。
	二十日	恵比須講	餅をつき、水に入れたフナとともに神に供える。	餅とカケフナ（二匹）を神に供え、後でフナを川に放す。	餅をつき、フナを水の中に入れ、神に供える。
十一月	三日 十三日 二十三日	大師講（オデシさん）	小豆粥、果報団子。	小豆粥の中に果報団子。	小豆の煮つぶしにねっけだんご、普通のだんご、餅などを入れる。

盆棚

釜神様

十二月

中旬	冬至	冬至かぼちゃ。	冬至かぼちゃ。	冬至かぼちゃ。
一日	水こぼしの朔日	かっぱれ餅を供え、水難に遭わないよう祈る。	きゃっぱり餅（豆腐餅）。	けっぱり餅（あんこ、納豆、雑煮）、煮しめ。
九～十日	大黒様の嫁迎え	大根の年取り。二股大根を神に供え、大根のかて飯と豆粉を食べる。	二股大根を神に供える。この大根はみそ汁か、干し大根にして腹痛薬にする。	二股大根と普通の大根を神に供えた後、凍み大根にして腹薬にする。
二十三日	正月準備	すす掃き、赤飯。	すす払い。	すす払い。
二十四日	正月準備	納豆ねせ、飴づくり。	飴づくり、納豆ねせ。	納豆ねせ、飴煮。
二十五日	正月準備	つめ勘定、つめ用達。	マチ用達。	ツメマチ（詰市）、用達。
二十八日	正月準備	餅つき、松迎え、しめ縄づくり。	正月用餅つき、雑煮の具の準備、門松作り。	正月用餅つき、あんこ、雑煮の具の準備。
三十日	大晦日 年越し 正月準備	注連縄、松飾り、神棚飾り、ご飯を神棚に供える。年越し膳（栗きんとん、ナメタカレイ、数の子など）。	注連縄作り、門松飾り、歳徳神様の神棚飾りと供え膳、御神酒、ご飯、煮魚、煮しめなど家族そろっていただく。家族で「さんさしぐれ」三つを歌う。	歳徳神様への供え膳、御神酒、ご飯、タイ・サケの焼き物、煮しめ、ホヤ、なます、キジの吸い物など家族もごちそうをいただく。

二股大根

縁起物

第八章

昔懐かしい道具たち

囲炉裏と自在鈎

台所の一部を四角に区切った炉。宮城県は長方形が多い。煮炊きや暖房として使われるほか、家族の団らんや接客にと多目的で農家生活にかかせないものだった。家長は横座（上座）その左側はかさざ(嬶座)、右側は客座、横座の向いはきじり(木尻)といって嫁や使用人と座席が決まっている。自在鈎は囲炉裏につるし鍋や鉄瓶をかける。火の強弱に合わせ自在に上下できる。

臼《うす》と杵《きね》

穀類をついて粉にしたり餅をついた。臼の下部がくびれ、十六枚の菊の花文様のある腰切臼が伊達藩の特徴。ケヤキはササ目がたたず堅いので最上。杵は製粉などには竪杵、餅つきには横杵が多い。

ぬかがま（もみがらカマド）

主に炊飯用。もみがらを詰め、点火して上部に釜を置き、ご飯がふいてきたら火加減を調節して蒸らす。水田地帯で多く利用した。

ワラワラ（鬼おろし）

周りが木製で歯のギザギザの部分は竹製。主に大根おろしに使う。粗いおろしができる。

サデ（掬いカゴ）

竹製で主に水や湯から食料をすくい上げるためのもの。ゆでものや切り干し大根作りなどに利用した。

うどんぶ(う)ち機(製麺機)

うどん(麺)は、昭和40年ころまで自家製が多かった。小麦の収穫期はもちろんだが年中作っていた。小麦粉を練って寝かせてから、うどんぶち機を使って薄く延ばし、ジャバラを替えて細く切る。手動で力が必要なため男の仕事だった。

かつお節削り

木製。引き出し式で上部に刃がついておりかつお節を引いて削った。

擂鉢《すりばち》と擂粉木《すりこぎ》

ゴマや大豆、みそなどをすりつぶす。中国から禅宗とともに伝来した精進料理に欠かせない器具として普及した。すりつぶすのに必要な擂子木は香りのよいサンショウの木が最上。

ヒツコ

杉やヒノキの薄板を円形に曲げた曲物の弁当箱。ヒツコの蓋にまでぎっしりご飯を詰めて腰に結わえ付け、山仕事や干草刈りに携行した。

豆つぶし機（みそつぶし、チョッパー）

みそ作りの時、煮大豆をつぶす。上部に煮大豆を入れ、手動で回し、横からつぶれて出てくる。ほとんどの農家でみそは自家製だった。

水甕《みずがめ》

水道のない時代に、飲料水や調理用に、井戸や川から水を運んで貯蔵しておいた。米とぎや野菜を洗うのは川や堀水を利用した。水くみは女性や子どもの仕事とされた。

煎盤（煎り鍋）

かまどにのせて熱し、煎り豆や煎り米を作る煎り器。厚手なのでおいしく煎れた。ワラで作った小箒でかき混ぜながら、一度に１升（1.8リットル）は煎ることができる。

一升マス（枡）

穀物や酒、油など、主に食料の体積を計る。封建時代経済の主軸であった米の主な計器となった。十升で一斗、十斗で一石だが、生活の基準となったのは一升枡。

鉄釜

昭和30年代後半まで炊飯に使われた。大家族の家が多く、３～５升炊きの大きいものが使われていた。洗い米を入れ、計量用のひしゃくで水を入れ炊いた。大量に鉄釜で炊いたご飯はおいしかった。

飯櫃《めしびつ》と飯櫃《めしびつ》入れ（嬰児籠《えじこ》）

炊き上がったご飯を釜から移しておく容器で、ヒノキ材を使い香りがよい。冬には、藁で編んだ蓋付きの飯櫃入れで保温した。古くなった飯櫃入れに幼児を入れたことから嬰児籠とも呼ばれる。

ホーロク（焙烙）

空煎り専用。大豆やゴマ、じゅうねんなどを煎った。主に鉄製だが、素焼きや陶製のものもある。

さくいん

あとがき

日本人の食生活が大きく変化する時代にあって「何とか宮城の食文化を残し、伝えたい」との思いをやっと形にすることができて、ほっとしている。

筆者三人は、宮城県に生まれ育ち、郷土の食卓の変化を目のあたりにしてきた。また、仕事を通しての経験から、宮城の食について生産から消費まで多少の知識はあるつもりでいた。しかし、いざ取り組んでみると、その奥の深さに、いまさらながら浅学非才の身を思い知らされた。途中で構成を修正せざるを得なくなったり、筆者三人の意識や表記方法の統一など、編集が進むにつれて予期せぬ難題に次々と遭遇した。

この本の執筆にあたっては、現地取材を基本としたので、多くの方々にご協力をいただいた。各地で郷土料理の担い手として、かつての農漁家生活改善グループ員が活躍しており、これらの活動支援に携わった者として大変意を強くしたところである。また、市町村や関係団体からご推薦いただいた素晴らしい方々とのたくさんの出会いと感動があった。

郷土料理は、それなりの理由があってその土地で食べられ、今日まで伝えられてきた歴史がある。郷土料理への関心と親しみをより深めていただくために、そのいわれや食材の特性、おいしい食べ方などをできるだけ伝えるようにした。材料や調理方法は、時代や地域、家庭によっても異なるので、取材事例を基本に関連資料で補足確認も行った。

レシピは、取材事例を忠実に再現しながら、家庭でそのまま利用していただけるよう塩味を修正した。実際にはもっと塩辛い味付けだったと思われる。

宮城の豊かな食文化は、本県の位置と自然環境に恵まれた地形によるところが大きい。世界三大漁場に面した沿岸地帯、北上・阿武隈川が流れる平地、丘陵地帯、奥羽山脈沿いの山村地帯から四季を通して多彩な食材が供給されてきたのである。こうした条件を背景に伝えられてきた伝統料理は、日本料理の基本である「煮る」「ゆでる（和える）」といった「生《き》」の味を生かしたものが多い。従って、日本人が大切にしてきた「うまみ」があり、再現した料理はどれもおいしかった。そして、三陸漁場から獲れた新鮮な魚介料理の豊富さも水産県ならではの特徴である。

本書は、取材から調理、写真撮影まで筆者三人で担当したが、何より時間を確保できない悩みが共通にあった。すでに職場を離れて数年を経ており、それぞれ地域活動を手いっぱいに広げていたので取材や資料探しに苦労した。調理は季節に制約される材料が多く、旬の食材を求め、県内を飛び回った。

写真撮影に至っては、難航を重ね、何度も撮り直す羽目になった。料理写真はプロでも難しいと言われるが、晴れた日の自然光で撮影するしかないので天候に左右された。しかも、料理は調理直後に撮影しなければならないので、時間、食材、天候の三拍子をそろえるのは至難の技であった。

今後、郷土料理を家庭や地域で伝承することは、ますます困難と予想される。しかし、一方で学校教育の場や地域で食の見直し運動が盛んに行われるようになった。本書がこうした動きと連携しながら、みやぎの食文化を伝え発展させていくための一助になれば幸いである。

発行にあたり、多くの方々と関係機関に取材や資料、写真の提供のご協力をいただき心から感謝申し上げる。とりわけ、企画から編集まで貴重な助言とご指導を賜った星孝光氏、遠藤凌子氏、宮城県農業普及協会に厚く御礼を申し上げる。

著者一同

主な参考文献（市町村名は平成17年4月2日現在）

「宮城県史（一九）」　小野やす
「白石市史（二）」　関谷宗一
「七ヶ宿町史」　七ヶ宿町史編さん委員会
「蔵王町史」　蔵王町史編纂委員会
「大河原町史」　大河原町史編纂委員会
「松島町史」　松島町史編さん委員会
「南郷町史」　南郷町史編さん委員会
「岩出山町史」　岩出山町史編纂委員会
「志波姫町史」　志波姫町史編纂委員会
「築館町史」　築館町史編纂委員会
「本吉町誌」　本吉町誌編纂委員会
「気仙沼町誌」　気仙沼町誌編纂委員会
「気仙沼市史」　気仙沼市史編纂委員会
「生活の歓」　志津川町誌編さん室
「岩出山の年中行事」　岩出山町史編纂委員会
「みやぎの農業試験研究百年のあゆみ」　宮城県
「大豆王国みやぎ」　宮城県麦・大豆振興対策会議
「みやぎの野菜」　宮城県園芸課
「足元から見る民俗」　仙台市歴史民族資料館
「宮城県の伝統的漁具漁法　養殖編（のり）」　宮城県
「宮城県の伝統的漁具漁法　養殖編（かき）」　宮城県
「宮城県の伝統的漁具漁法　養殖編（わかめ・こんぶ）」　宮城県
「宮城県の伝統的漁具漁法　養殖編（ほや・ほたてがい）」　宮城県
「豊かな高齢期を求めて」　宮城県農業普及課
「ふるさとみやぎ文化百選（味）」　竹内利実・乙坂ひで他
「農家の手づくり精進料理」　小牛田地区生活改善クラブ精進料理の会
「ふるさとの行事食」　宮城県生活改善クラブ連絡協議会
「伝統の味創作の味」　宮城県生活改善クラブ連絡協議会
「栗原地方の郷土食」　宮城県築館地域農業普及センター
「まちに伝わる生活行事」　鹿島台町連合長寿会
「むらに生きた女たち」　むらに生きた女たち編集委員
「伝承料理なとりの味」　名取市生活改善クラブ連合会
「昔のくらし栗駒町の生活史」　栗駒町の生活史編纂委員
「ササニシキ物語」　ササニシキ物語編集委員
「伝えたいふるさとの味」　花山村食生活改善推進員連絡協議会

「聞き書宮城の食事」　宮城編集委員会
「東北・北海道の郷土料理」　乙坂ひで
「みそ文化誌」　全国味噌工業協同組合連合会
「仙台味噌の歴史」　宮城県味噌醤油工業協同組合
「地方野菜大全（宮城県）」　佐々木丈夫・鹿野昭一
「農業技術大系野菜編11」　宮城県・菅原幸也・川村邦夫
「東北の園芸資源松島白菜物語」　渡辺顕悦
「餅」　大島建彦・岩崎美術
「ごちそうさまおふくろの味」　及川桂子他・熊谷印刷出版部
「月刊トランヴェール十二」　ジェイアール東日本企画
「宮城県の山菜」　高橋和吉他・宝文堂
「宮城県のきのこ」　高橋和吉他・宝文堂
「日本人は何を食べてきたのか」　神崎宣武・大月書店
「胸をはって仙台弁」　後藤彰三・宝文堂
「三陸のことわざ」　菅原孝雄・三陸新報社
「旬の食材（春の魚）」　講談社
「旬の食材（夏の魚）」　講談社
「山菜採取料理加工」　佐竹秀雄・大沢章
「食べられる山野草12ヶ月」　執筆監修石黒ゆり子他・主婦と生活社
「新編食用作物」　星川清親・養賢堂
「天職に生きる」　渡辺顕二
「素材料理①」　学習研究社
「味覚の歳時記」　野間惟道・講談社
「生活ごよみ」　野間惟道・講談社
「早乙女はいま」　加藤治郎・宝文堂
「農業百科事典」　財団法人農政調査委員会
「たべもの起源事典」　岡田哲
「出羽屋の山菜料理」　佐藤邦治・求龍堂
「好きです閖上（昔の行事と遊び）」　大脇兵七
「農業と経済スローフード運動」　樋口貞三他
「会津の郷土食」　星孝光
「福井の食」　角井洋美他
「北国の手作り食品」　六辻笑美子他
「日本食品大事典」　杉田浩一他・医歯薬出版

協力（敬称略・市町村名は平成17年4月2日現在）

農林水産省東北農政局統計部統計企画課／食糧庁仙台食糧事務所／宮城県農業振興課／宮城県産業人材育成課／宮城県食産業・商業振興課／宮城県観光課／迫地方振興事務所／各地域農業改良普及センター／宮城県農業実践大学校／宮城県農業・園芸総合研究所／宮城県水産研究開発センター／蔵王町／蔵王町教育委員会／塩釜市／岩出山町史編纂室／気仙沼市／本吉町／宮城県農業普及協会／宮城県味噌醤油工業協同組合／宮城県漁業協同組合連合会石巻支部／柴田特産加工組合／株式会社渡辺採種場／株式会社ささ圭本店／はたけなか製麺株式会社／高野本店株式会社／佐藤蒲鉾店／河北新報白石支局／フォトルポルタージュ宍戸清孝／星孝光（福島県下郷町）／佐藤菊夫（宮城県蔵王町）／佐藤初子（同）／佐藤正則（同）／枡智子（同）／我妻君代（同）／我妻とくよ（同）／大庭誠（白石市）／大庭よし子（同）／遠藤晶子（宮城県柴田町）／大森貞子（宮城県川崎町）／大森淳志（同）／高橋雅子（宮城県村田町）／安住百合子（宮城県亘理町）／遠藤淩子（仙台市）／東海林仲之助（同）／稲葉温子（同）／本郷眞佐子（同）／三浦典（同）／稲山洋一（塩釜市）／武田昭七（古川市）／亀谷よちき（同）／斉藤つる子（同）／渋谷いさを（同）／大沼よし子（宮城県岩出山町）／岸俞子（同）／中森治（同）／早坂静夫（宮城県色麻町）／星よ志ゑ（宮城県小牛田町）／三塚富美子（同）／桜井栄一（宮城県涌谷町）／桜井きく（同）／佐藤かよ子（栗原市）／三塚京子（同）／白鳥律子（同）／熊川昭子（同）／班目りつ（同）／三浦昭一（同）／三浦とつし（同）／菅原幸子（同）／千葉勝男（同）／千葉つる子（同）／菅原シゲル（同）／菅原喜代子（同）／高橋萬寿美（同）／千葉ちゑ子（同）／千葉優子（同）／鈴木信子（登米市）／千葉邦子（同）／主藤りつ子（同）／衣川祐子（同）／主藤とよ子（同）／鈴木曠（同）／鈴木つぎ子（同）／阿部照夫（同）／斉藤わよ（同）／江差みゆき（石巻市）／阿部国夫（同）／阿部美保子（同）／斉藤サツ子（気仙沼市）／菅野千代子（同）／品川やよひ（同）／斉藤ちどり（同）／斉藤たき子（宮城県本吉町）／三浦かよ子（同）／村田六郎（同）／村田七郎（同）／村田順（同）

◇編著
みやぎの食を伝える会
宮城県の伝統的な食文化の継承と発展を目的に、2001年に結成。主に郷土料理や地場産品の調査、資料収集、伝承活動を行っている。

佐藤れい子　1934年栗原市志波姫生まれ。宮城学院女子短期大学卒。95年まで宮城県職員として勤務。主に農業改良普及事業（生活関係）に従事。みやぎの食を伝える会代表。仙台市在住。

加藤　房枝　1934年仙台市生まれ。尚絅女学院短期大学卒。95年まで宮城県職員として勤務。主に農業改良普及事業（生活関係）に従事。宮城県蔵王町在住。

中村みき子　1937年宮城県本吉町生まれ。尚絅女学院短期大学卒。98年まで宮城県職員として勤務。主に農業改良普及事業（生活関係）に従事。宮城県美里町在住。

佐藤　中村　加藤

デザイン協力　小野寺　香

ごっつぉうさん　―伝えたい宮城の郷土食

発行日　平成17年4月2日　第1刷
　　　　平成25年9月4日　第5刷
編　著　みやぎの食を伝える会
発行者　岩瀬　昭典
発行所　河北新報出版センター
　　　　〒980−0022 仙台市青葉区五橋1−2−28
　　　　㈱河北新報総合サービス内
　　　　電話　022(214)3811
　　　　FAX　022(227)7666
印刷所　㈱東北プリント
　　　　仙台市青葉区立町24−24
　　　　電話　022(263)1166

ISBN978−4−87341−191−0